tudo é história

Suely Robles Reis de Queiroz

Política e Cultura
no Império Brasileiro

editora brasiliense

copyright © by Suely Robles Reis de Queiroz
Nenhuma parte desta publicação pode ser gravada,
armazenada em sistemas eletrônicos, fotocopiada,
reproduzida por meios mecânicos ou outros quaisquer
sem autorização prévia do editor.

Primeira edição, 2011

Diretora: *Danda Prado*
Supervisão editorial: *Luciana Nobile*
Coordenação editorial: *Alice Kobayashi*
Coordenação de produção gráfica: *Roseli Said*
Diagramação: *Digitexto Serviços Gráficos*
Capa: *Fernando Pires*
Revisão: *Karin Oliveira*

Dados Internacionais de Catalogação na Publicação (CIP)
(Câmara Brasileira do Livro, SP, Brasil)

Queiroz, Suely Robles Reis de
Política e cultura no Império brasileiro /
Suely Robles Reis de Queiroz. -- São Paulo :
Brasiliense, 2010. -- (Tudo é história ; 153)

ISBN 978-85-11-00103-7

1. Brasil - História 2. Brasil - História - Império, 1822-
1889 3. História política 4. História social I. Título II. Série.

10-01123   CDD-981.0

Índices para catálogo sistemático:
1. Brasil : Império : História política e social   981.04

editora e livraria brasiliense
Rua Mourato Coelho, 111 – Pinheiros
CEP 05417-010   São Paulo – SP
www.editorabrasiliense.com.br

Índice

Introdução 7

Capítulo I – Uma "flor exótica" na América 15
Como surgiu o Império Brasileiro 15
O primeiro Imperador do Brasil: absolutista ou liberal? . . . 32
Uma princesa na política. Por que? 44

Capítulo II – Período Regencial: uma contestação à "flor exótica"? 53
"A experiência republicana" 53
A contestação armada 60
Uma guerreira na política. Por que? 69

Capítulo III – Uma flor viçosa! 79

A década palaciana. 79

O esplendor do Império 88

Manifestações culturais 95

Capítulo IV – Uma flor que morre! 111

Declínio do Império: desarticulação do escravismo 111

Declínio do Império: a derrocada política 118

Uma musicista na política. Por quê? 126

Capítulo V – A tonalidade da flor. 139

Bibliografia comentada 153

Introdução

O período da história brasileira conhecido como Império tem marcos cronológicos bem delimitados: 1822/1889. Um longo tempo de 67 anos, impossível de resumir em poucas linhas, pois falar do Império significa falar da construção de um estado nacional e dos percalços para realizá-la; da luta contra ou a favor da centralização monárquica; da progressiva desarticulação do sistema escravista; do crescimento da ideia republicana. Significa ainda falar da pujança de uma economia agrário-exportadora fundamentada no café, das manifestações de elites influenciadas pela cultura europeia, do crescimento de uma cultura popular que, embora amalgamando traços exógenos, vai se firmando como brasileira. São temas de amplo espectro que, por si sós, se aprofundados, excederiam em muito os limites destas páginas. Daí a necessidade de sínteses e opções, necessariamente arbitrárias, pois determinadas pelo enfoque escolhido e pelas restrições editoriais.

Tendo em vista tais considerações, assim como os objetivos e o público a que se destina o presente livro, não necessariamente confinado ao mundo acadêmico, propõe-se aqui o privilegiamento do processo político-cultural no Império em suas grandes linhas.

A escolha tem razão de ser: há já algum tempo, os historiadores vêm se interessando por novos objetos, entre os quais se incluem o cotidiano, as representações simbólicas, a morte, os excluídos e outros mais, todos eles definidos por um estudioso como "novos fragmentos da vida humana que vão entrando para o horizonte da historiografia". No entanto, a par dos belos trabalhos produzidos e do significado dessa nova tendência é importante refletir também sobre os conteúdos político- institucionais que a historiografia tradicional preferia e que não podem absolutamente ser ignorados. Temas como as formas de estruturação do Estado e da sociedade ao longo do tempo, por exemplo, se vistos à luz de abordagens propiciadas por documentação inédita ou aportes interdisciplinares, são fundamentais para prover o indivíduo dos referenciais necessários à compreensão do presente em que vive e para que nele possa situar-se.

Daí a importância de se atentar para o processo histórico cuja existência, conforme lembra Emília Viotti da Costa, muitos chegaram a negar, privilegiando o acidental, o imprevisto e mesmo o irracional, ao constata-

Política e cultura no Império brasileiro

rem que, nos espaços íntimos da sociedade, nem todos os fatos são tocados pelos eventos políticos.

Não se trata de entender "cada momento como etapa necessária de um processo histórico linear que automaticamente conduziria a um fio já explicitado de antemão", nem a História pode ser encarada como a "sucessão ininterrupta de acontecimentos encadeados". Contudo, é extremamente radical pensar que ela não obedeça a qualquer lógica: existe, sim, um nexo entre os acontecimentos que é necessário captar e que aponta para a existência de um processo, não simplesmente para fatos sem direção definida. Um processo cujo andamento não se reduz , por certo, a causas e consequências de forma mecanicista, mas que permite entender mais facilmente a estruturação das sociedades e as relações entre os homens e o Estado através dos tempos.

Por razões metodológicas, a melhor compreensão de qualquer processo histórico supõe uma periodização que permite diferentes marcos, dependendo do enfoque a ser adotado. No caso do Império, o estudo, por exemplo, dos abalos sofridos pelo escravismo até a sua extinção total, terá datas diferentes daquelas referentes ao do desenvolvimento da economia cafeeira. E assim por diante....

No presente livro prevaleceu a escolha de um critério sobretudo político: o da evolução da ideia e sistema monárquicos, valendo dizer, o das fases em que se pode discernir mais claramente o prestígio ou o desprestígio da monarquia brasileira que, em toda a América do século XIX, foi única.

Grosso modo, tais fases coincidem com o reinado de Pedro I (1822/1831), com a Regência (1831/1840) e com dois momentos do Segundo Reinado: 1840/1870 e 1870/1889. Pode-se alegar que essa periodização é praticamente a mesma utilizada pela historiografia mais tradicional mas não se busca aqui o ineditismo ou a originalidade de uma tese acadêmica e sim a sintetização do que já é conhecido, naturalmente acrescido das contribuições historiográficas mais recentes.

Sendo assim, o primeiro capítulo trata do surgimento da monarquia no Brasil sob a forma de Império que, como uma originalidade na América republicana, para muitos será a "flor exótica" do Continente. Enfatiza-se aí o processo de independência e também as grandes linhas que os sucessos políticos imprimiram ao período sob o comando do primeiro imperador da nova nação, grandemente prestigiado naquele momento de euforia...

O segundo capítulo focaliza a fase tumultuária das Regências, na qual os ingredientes das inúmeras revoltas provinciais sugeriam uma contestação aos pilares sobre os quais se erigiu o Império, o que, aparentemente, punha em risco o regime e a unidade territorial. A indagação proposta no título do capítulo deverá ser analisada no decorrer do mesmo.

A antecipação em 1840 da maioridade de Pedro II finaliza a fase regencial e marca o início do Segundo Reinado, cujos primeiros trinta anos serão o objeto do terceiro capítulo. Nesse período, a relativa estabilidade política interna aliada a outros importantes fatores propicia o apogeu da ideia monárquica. Floresce o Império, sob o consenso de que o regime era o grande construtor da unidade nacional.

Política e cultura no Império brasileiro　　　　　　　　　*11*

Optou-se também por restringir principalmente a esse capítulo a evolução cultural do período. Cabe lembrar que política, economia, comportamentos, crenças são aspectos que – todos eles – abrangem e representam a cultura de um povo, imbricando-se em uma simbiose impossível de separar. A separação é feita – ou não – apenas por questão de método e devido a este é que se fugiu, em parte, à periodização escolhida; também porque as diferentes fases culturais têm ritmos igualmente diferentes e em geral não coincidem com as políticas ou quaisquer outras. Dada a amplitude do tema, uma nova opção foi a de destacar apenas algumas manifestações culturais, assim mesmo aquelas praticadas e compreendidas pelas elites.

De 1870 para a frente, modifica-se o panorama político e a monarquia se desgasta em grau crescente até extinguir-se. O quarto capítulo tratará desse processo, no bojo do qual está o descompasso entre as instituições imperiais e as necessidades das novas forças produtivas que emergem no cenário econômico, opondo elites emergentes às tradicionais e estimulando o ressurgimento da ideia republicana, provinda agora do centro político do país e não de suas unidades regionais.

À guisa de conclusão o último capítulo buscará refletir sobre o tom predominante no processo político do Império. Como em qualquer mudança, a independência e o conteúdo liberal que ela continha, trouxeram um surto de esperança, não só para províncias e municípios enquanto entidades político-administrativas, como para uma sociedade que se tornara mais complexa e na qual os menos afortunados almejavam ganhar algum espaço. Se conseguiram ou não, a resposta será dada pela atuação das forças que impuseram ao país o ritmo ditado por seu pensamento político e econômico.

Uma derradeira observação refere-se à inclusão de três mulheres em alguns dos capítulos referidos. A historiografia recente tem se preocupado em pesquisar a mulher e sua condição feminina, retirando-a do limbo a que esteve relegada na História. Daí a pletora de estudos sobre o seu cotidiano, suas aspirações, infância, educação, maternidade...

Não se trata aqui, de analisá-las sob esses ângulos e sim avaliar o papel que a política desempenhou em suas vidas, bem como as razões para tanto. Em artigo publicado na *Revista Brasileira de História*, Maria Lígia Coelho Prado, diz bem que a imagem prevalecente sobre a mulher é a da "figura sempre submissa, incapaz de tomar decisões" sobre coisas sérias e importantes: uma construção ideológica feita em geral por homens que, mesmo descrevendo heroínas movidas por causas patrióticas, esquecem-se de pesquisar algum traço de rebeldia das mesmas contra sua condição feminina ou quaisquer sinais reveladores de consciência política.

Pelo menos duas das figuras referidas neste livro – Anita Garibaldi e Chiquinha Gonzaga – embora por razões diferentes, afrontaram os costumes e sistemas políticos de seu tempo, rebelando-se, portanto, ante os mesmos. Maria Leopoldina foi imperatriz e, por isso, mais cautelosa, mas também agiu politicamente. As três foram escolhidas porque, vivendo em épocas muito diferentes, pertencendo uma ao mais alto extrato social; outra, nascida pobre, bem pobre, e outra ainda, vivendo em meio às camadas médias urbanas, todas, no entanto, agiram entregando-se à paixão e ao jogo de emoções, cuja descrição tanto adoça as frias narrativas históricas! Mas foram escolhidas também, sobretudo, porque tiveram outro traço em comum: a atuação política, motivadora de um desempenho tal em sua época, que as qualificou como agentes históricos bem mais relevantes do que sempre se supôs.

I
UMA "FLOR EXÓTICA" NA AMÉRICA

COMO SURGIU O IMPÉRIO BRASILEIRO

"Da pequena torre da Igreja da Boa Morte, estendendo a vista pelo descampado, não foi difícil ao sineiro entrever à distância a caravana que chegava. O sino do velho templo não tardou a dar aos paulistanos a grande nova. Já nas ruas da Glória e Santa Teresa iam se divulgando as notícias do surpreendente acontecimento". Assim se refere Ernesto Leme – um estudioso da história do país – à forma como a então pequena cidade de São Paulo soube em 7 de setembro de 1822 do "surpreendente acontecimento" que ocorrera pouco antes às margens do riacho Ipiranga: o príncipe-regente D. Pedro, ali romperia definitivamente os últimos laços formais que prendiam o Brasil a Portugal.

Na verdade, o "grito do Ipiranga" oficializava a separação, após a qual, a Coroa e o título de Imperador recebidos por D. Pedro, selam o surgimento do Império brasileiro.

A monarquia, no entanto, foi uma originalidade no Novo Mundo, uma "flor exótica" na América, como muitos a chamaram, já que todas as demais colônias americanas, ao se libertarem de suas metrópoles europeias, decidiram-se pelo regime republicano. Os Estados Unidos dariam o exemplo, tornando-se independentes da Inglaterra em 1776, seguidos várias décadas depois pelas demais colônias do Novo Mundo. Entre 1810 e 1830, praticamente toda a América Espanhola sacudiu a tutela da Metrópole, fragmentando-se em várias repúblicas.

Só no Brasil haveria uma experiência monárquica importante, válida e duradoura que, no entanto, não lançaria raízes, pois tanto os demais países da América continuaram republicanos, quanto os próprios brasileiros, no final do século XIX, preferiram aderir ao regime que seus irmãos de continente haviam escolhido tanto tempo antes...

* * *

O 7 de setembro é a resultante de um processo, no bojo do qual estão as grandes mudanças políticas ocorridas na Europa desde a segunda metade do século XVIII e, no Brasil, as de natureza sócio-econômicas vistas a partir da mesma época. No caso brasileiro, elas estão mais presentes no centro-sul do país, onde o período minerador propicia o incremento de núcleos urbanos, a transferên-

Política e cultura no Império brasileiro   17

cia, em 1763 da capital da Colônia para o Rio de Janeiro, a motivação para melhorias materiais na região. Tais
circunstâncias, entre outras, levam à diversificação dos
grupos sociais, a uma sociedade muito mais complexa
que aquela dos primeiros séculos de colonização, na qual
se viam principalmente escravos e proprietários rurais.
Uma sociedade "permeada por conflitos, na qual a escravidão, mesmo predominante, coexistia com diferentes
condições de vida e de trabalho", como assinala Cecília
Helena de Salles Oliveira em seu livro "A independência e a
construção do Império". Segundo a autora, era constante
o "vai e vem dos tropeiros, tropas de mulas, mascates e
artífices ambulantes que prestavam serviços ou trans-
portavam de um canto a outro gêneros de exportação,
escravos, manufaturas importadas e uma infinidade de
artigos de fabricação local como ferramentas, objetos de
couro, utensílios de barro, chapéus, tecidos rústicos de
algodão, laticínios e conservas".

Essa ampliação dos grupos sociais provocaria uma
diversificação de interesses, mais ampliada ainda com a
transferência, em 1808, da corte portuguesa para o Brasil, acontecimento significativo na caminhada da Colônia
para a sua independência.

Como se sabe, o futuro rei D. João VI, então príncipe-regente, pressionado por Napoleão Bonaparte que exigia a cessação do comércio português com a Inglaterra,
tradicional aliada, resolve o problema transferindo a sede
da monarquia para o Brasil. Foi uma solução ousada e
inédita entre os países colonialistas, mas, na verdade, a
ideia em si não era nova, tendo sido várias vezes aventa-

da, sobretudo quando as dificuldades do Reino levavam às comparações entre a fragilidade do mesmo e as potencialidades da colônia americana. Ante a ameaça napoleônica de invasão do Reino, a partida rumo à América seria praticamente compulsória para a continuidade da Monarquia. Além disso, vinha de encontro ao projeto dos "ilustrados" portugueses, analisado por Maria de Lourdes Viana Lyra em *A utopia do poderoso Império*, cujo sentido era o de preservar o Estado monárquico absolutista, condutor do "poderoso Império" que pretendiam formar. Longe dos conflitos que avassalavam os países europeus, o Brasil representava a possibilidade de concretizar os anseios longamente acalentados.

A intenção de fundar um novo Império nos trópicos, obrigaria a um rearranjo nas relações econômicas e a outras providências. De imediato, ainda na Bahia, onde primeiro aportara, D. João assina o Alvará de abertura dos portos "às várias nações amigas". Rompia assim de um só golpe o pacto colonial, pelo qual o Brasil só podia comerciar através de Portugal, fato de tal modo significativo que a historiografia o considera o verdadeiro ato emancipatório do país.

Outras medidas se seguiriam, expressando princípios de liberdade e livre-concorrência inteiramente opostos aos monopólios e privilégios prevalecentes desde o início da colonização. A partir de 1° de abril de 1808 tornava-se livre a instalação de fábricas e manufaturas até então proibidas: as matérias-primas necessárias à indústria teriam isenção de impostos; concediam-se sesmarias para produtores interessados em ampliar lavouras de exportação

Política e cultura no Império brasileiro 19

e de abastecimento interno; estimulou-se a construção de vias de comunicação terrestre, bem como a organização de companhias voltadas para o estabelecimento e exploração da navegação fluvial. Além de um sistema regular e permanente de correios para ligações mais rápidas entre a Corte, as demais regiões coloniais e Portugal, foram também criadas a Imprensa Régia, o Banco do Brasil e escolas de ensino superior.

Dessa reorganização por vezes frenética, a cidade do Rio de Janeiro será uma das grandes beneficiárias. Cerca de quinze mil pessoas compunham o séquito do Príncipe-Regente e a necessidade de acomodá-las e de instalar o aparato burocrático, leva à rápida edificação de novas moradias, de prédios destinados às repartições públicas, ao comércio e a outras atividades.

O expressivo aumento populacional decorrente do "enraizamento das pessoas de prestígio que se transferiram em 1808 foi acompanhado pela fixação de negociantes e artífices estrangeiros, pelo deslocamento de diplomatas e por um enorme fluxo migratório de portugueses que saiam do Reino na esperança de conseguir melhores condições de vida no Brasil". Se no final do século XVIII estimava-se em 43.000 o número de moradores urbanos, em 1809 seriam eles 60 mil, contidos em um perímetro que se expandia continuamente. A cidade acanhada e rústica sofreu o que o historiador Oliveira Lima, biógrafo de D. João VI, chamou de "europeização", processo logo estendido a outros núcleos importantes da Colônia.

É um período pois de intensa atividade material e de realizações econômicas que certamente influiriam no âmbito das relações sociais, na mentalidade e na atuação das elites políticas, pois as mudanças aprofundaram os antagonismos sociais e as contradições de interesses. É que, apesar das medidas liberalizantes, D. João manteve ou concedeu privilégios que lembravam o mercantilismo até ali vigente. Da franquia dos portos, por exemplo, ou seja, da liberdade de comerciar, ficavam excluídos o pau-brasil e outros gêneros. O monopólio do comércio do algodão persistia. Em 1817, as 60 ou 70 mil sacas produzidas em Pernambuco eram intermediadas pelas "astutas e dolorosas mãos" de oito homens apenas. Ainda em 1808, uma lei mandava isentar de direitos de entradas nas alfândegas, as fazendas das fábricas portuguesas.

Liberalismo de um lado, privilégios de outro, assim se desenvolveu a política econômica do período joanino. Mas seria possível agir de outro modo? Como assinala Emília Viotti da Costa em sua *Introdução ao Estudo da Emancipação Política*, adotar os princípios do liberalismo econômico em toda a sua extensão significaria destruir as próprias bases sobre as quais se assentava a Coroa. Por outro lado, manter intocável o sistema colonial seria impossível nas condições da época: os teóricos do liberalismo econômico eram crescentemente ouvidos, a Revolução industrial iniciada na Inglaterra na segunda metade do século XVIII exigia o livre comércio para mais fácil colocação de seus manufaturados, as elites econômicas brasileiras que sentiram o gosto da liberdade comercial, não permitiriam um passo atrás.

É preciso reconhecer que a política econômica de D. João foi bastante hábil ao equilibrar antigos e novos pri-

Política e cultura no Império brasileiro

vilégios com franquias até então inusitadas, mas, de todo modo, uns eram beneficiados, outros, prejudicados. Para os comerciantes e produtores portugueses que usufruíam do monopólio comercial, a abertura dos portos desagradara profundamente. Argumentavam que "os estrangeiros levariam, todo o dinheiro e metais preciosos e fariam concorrência aos comerciantes nacionais, acabando por obter, dada a sua superioridade, o monopólio do comércio. A navegação nacional e a indústria seriam aniquiladas, com prejuízos tanto para a metrópole quanto para a colônia. Ambas teriam arruinadas suas fábricas e empobrecido seu povo". Enfim, inúmeras catástrofes eram anunciadas, espelhando o descontentamento dos que se sentiam prejudicados. Iam se tornando claras as divergências, tanto na área de comércio exterior, quanto na do comércio interno, entre os antigos defensores de privilégios e os que desejavam eliminá-los. Tais conflitos de interesses persistiriam e se revelariam de modo mais aberto no período imediatamente anterior à independência.

* * *

A consolidação de um Império no Novo Mundo como baluarte do absolutismo contra as ideias "subversivas" que sacudiam a Europa após a Revolução Francesa, deu mais um passo com a elevação do Brasil em 1815 à condição de Reino Unido ao de Portugal e Algarves. O ato do Príncipe-Regente oficializava a equiparação entre colônia e metrópole ou até mesmo a prevalência daquela sobre esta. Eram, pois, otimistas as perspectivas para o reino americano.

Não ocorria o mesmo em Portugal, cuja situação, ao contrário, era de crise crescente. Pela primeira vez um país europeu via seu rei abandoná-lo para instalar-se em uma colônia distante e assistia, impotente, à invasão do território por forças estrangeiras, no caso as do general Junot, a mando de Napoleão.

Enquanto durou a ocupação e mesmo depois, desorganizou-se totalmente a produção. Quanto ao comércio, enfrentava uma grave situação: até 1808 os produtos brasileiros representaram nove décimos de todas as trocas externas portuguesas, valendo dizer que o reino luso vivia do monopólio estabelecido pelo pacto colonial. Com a abertura dos portos, os rendimentos declinam abruptamente, diminuindo ainda mais com a perda de vários tributos que até ali beneficiavam o Reino e agora permaneciam na ex-colônia devido ao seu novo "status".

Para o sentimento de humilhação que contaminava todos os portugueses em decorrência de tais circunstâncias, contribuíam ainda outros dois fatores: o primeiro, referente aos tratados de comércio de 1810, assinados por D. João naquele ano, pelos quais os produtos ingleses pagavam menos direitos de entrada no Brasil que os da Metrópole Europeia. O segundo, de natureza política, dizia respeito à administração do país que, após a expulsão do invasor francês, passou a ser governado por uma Junta liderada pelo inglês Willian Carr Beresford. Em suma, no dizer de Pereira da Silva quando escreveu a *História da*

Política e cultura no Império brasileiro 23

Fundação do Império Brasileiro, Portugal era "mais um cadáver que uma nação viva".

Não seria de estranhar, portanto, a generalizada sensação de revolta. Enquanto as guerras napoleônicas convulsionavam o Velho Mundo, argumentava-se que a transferência da Corte e o acordo leonino com a Inglaterra foram o meio de manter Portugal no jogo político das nações. Argumentava-se ainda que como o general Beresford comandara o exército responsável pela expulsão dos franceses, era importante sua participação na administração do Reino. Tais argumentos contiveram os descontentamentos até a derrota de Napoleão, mas, após a mesma e com a reordenação dos territórios europeus, acertada no Congresso de Viena, tornou-se impossível contê-los, sobretudo porque, para as elites políticas reinóis, ia se tornando clara a intenção de D. João VI de permanecer no Brasil.

As tensões políticas e sociais, explodiram então em revoltas, das quais a mais importante seria a de 1820, iniciada na cidade do Porto e por isso mesmo conhecida também como Revolução Liberal do Porto. Seus líderes punham constantemente em destaque o abandono político do país, a má situação econômica, a interferência inglesa nos assuntos internos. Alastrando-se com rapidez, o movimento alcançou Lisboa e derrubou o governo de Beresford, substituindo-o por uma Junta Governativa, que convocou imediatamente as Cortes, ou seja, o Parlamento português, mas não nos moldes das antigas Cortes, compostas de nobreza, clero e povo. Tratava-se agora de uma instituição que, influenciada pelo liberalismo em marcha nas monarquias europeias, negava o absolutismo e se propunha a e elaborar uma Constituição a ser seguida por quem governasse o país..

Instaladas em 26 de janeiro de 1821, com um total de cem parlamentares portugueses, delas também fariam parte deputados brasileiros e aqueles provenientes das Ilhas da Madeira e dos Açores. A intenção, portanto, aparentemente, era a de manter nos mesmos termos o ato de 1815 que equiparara o Brasil a Portugal, mas, sob a bandeira do liberalismo.

O desenrolar dos acontecimentos, no entanto, mostraria que esse liberalismo tinha significados diferentes para brasileiros e portugueses e que, desde os primeiros passos, o movimento de 1820, a par de ser claramente anti-absolutista, era também claramente anti-brasileiro. A minuciosa pesquisa de Márcia Regina Berbel sobre os debates ocorridos nas Cortes – reunidas antes mesmo de contar com todos os seus integrantes –, mostra que as diferentes concepções de nação embutidas nos projetos apresentados, tinham um ponto em comum: o nacionalismo. A nação lusa – ancorada na tradição e na história – deveria deter a propriedade das possessões ultramarinas. Os brasileiros eram parte de uma única nação e, como tal, "não poderiam ter privilégios sobre o território em que viviam, pois deveriam discutir com portugueses da Europa a propriedade de tais domínios. Por isso, para as diferentes concepções vintistas, a integração era indispensável. Os portugueses do Brasil poderiam ser aceitos se estivessem ligados aos de Portugal mediante vínculos político-admi-

Política e cultura no Império brasileiro   25

nistrativos ou econômicos e impedidos de ter preponderância na Monarquia".

Tais ideias, assim demonstradas, apontam a direção que as Cortes seguiriam em relação à ex-colônia, mormente porque também exigiam o imediato retorno de D. João VI a Portugal. Na verdade, a orientação política seguida pelo monarca, de pretender igualdade entre as diversas partes do mundo português para melhor alcançar prosperidade e poderio estava longe de atender aos interesses do Velho Reino, que atribuía sua situação de penúria às mudanças ocorridas desde 1808. Por isso, tentavam as Cortes modificar as bases em que se firmara o Estado luso-americano através da monarquia constitucional. Nesta, a vontade do Rei deixava de ser absoluta e deveria se manifestar em consonância com os demais poderes, ou seja, com o Legislativo e o Judiciário.

No Brasil, as primeiras notícias sobre a revolução do Porto foram bem recebidas. Também ali haviam soprado os ventos liberais, sendo, pois, numerosas as vozes contra o absolutismo e a favor de uma Constituição.

Enquanto isso, D. João decidia se voltava ou não para o Reino, oscilando entre as opiniões de alguns ministros que o aconselhavam a não fazer concessões às Cortes e as de outros, para os quais, o Rei deveria antecipar-se a elas, elaborando uma carta constitucional e enviando o filho Pedro em seu lugar. Mas, ante a constante pressão e o temor dos perigos que rondavam a dinastia, o monarca opta por voltar, deixando o príncipe-herdeiro como regente. Partiu em 26 de abril de 1821, encerrando um capítulo da história luso-brasileira que tem sido analisado sob diferentes prismas e opiniões.

Para alguns, o período joanino retardou a independência do país, já que no final do século XVIII, o sistema colonial em crise caminhava para o esgotamento e suas restrições e privilégios sufocavam as forças produtivas. A vinda da Corte, com as mudanças propiciadas, teria momentaneamente acalmado ímpetos separatistas e retardado a emancipação.

Para outros, aquele momento teria acelerado as transformações já em curso. Revogara o pacto colonial e, com ele, muitos privilégios; modificara materialmente as cidades, ampliara a vida sócio-cultural de seus habitantes. A imprensa, até então interdita, veiculava as notícias com muito maior rapidez, contribuindo para a formação da opinião pública. Por outro lado estimulara os líderes políticos portugueses a evoluírem para o radicalismo, aprofundando os antagonismos que levariam a uma separação mais rápida e definitiva.

Seja como for, após a partida do Rei tornaram-se mais claras as pretensões das Cortes, cujas medidas para a ex-colônia durante todo o ano de 1821, fazem os do Brasil suspeitarem de intenções recolonizadoras. Uma delas, por exemplo, subordinava os governos provinciais diretamente a Portugal, desligando-os do Rio de Janeiro. Outra, considerava o Exército dos dois países uma só unidade, o que permitiria a instalação de tropas portuguesas no Brasil e a remoção para o Reino das que aqui estavam. Ordenou-se também a transferência de várias repartições

Política e cultura no Império brasileiro   27

para Portugal, entre elas o Desembargo do Paço, o Conselho da Fazenda, a Junta do Comércio...

Ora, se os brasileiros haviam aplaudido a Revolução Liberal e seu constitucionalismo, agora iriam opor-se a decisões que lhes afetavam a soberania. Como lembra Raymundo Faoro, em *Os donos do poder*, os revolucionários portugueses, "enganados pelo fácil sucesso da causa, esqueceram, numa cegueira que lhes comprometerá a conduta futura, as incógnitas submersas no aplauso do Brasil".

Realmente, para a ex-colônia, o liberalismo significava modernizar as instituições políticas e aniquilar de vez qualquer resíduo do estatuto colonial, não restaurá-lo. Desde logo percebera-se que o deslocamento da Casa Real para Lisboa tendia a despojar o país da posição conquistada, ou seja, a de centro do Reino Unido e para os habitantes da terra, tal consequência parecia inimaginável. A presença da Corte, o convívio com numerosos estrangeiros, facilitando a percepção da "debilidade de um domínio que a simples distância aureolara (...) de formidável prestígio", tudo conspirava para a conscientização cada vez mais clara de que o país poderia subsistir sem Portugal.

Assim, ante as exigências vindas do Reino, logo se cria uma "espécie de aliança de razão entre os inimigos mais acerbos das Cortes, não obstante sua filiação e ideologia política díspares", como assinala Sérgio Buarque de Holanda.

O autor tem razão, pois as posições ideológicas das facções políticas atuantes naquele momento, não eram unívocas. Havia divergências quanto à forma de governo, quanto às relações com o reino luso, quanto à volta de D. João VI ou do Príncipe-regente para Portugal, podendo-se distinguir, então, os que ainda desejavam o absolutismo, os que pretendiam um governo representativo e mesmo aqueles que lutavam pela instauração de um regime republicano.

Nesse quadro de pensamentos políticos divergentes, mas no qual predominavam monarquistas constitucionalistas e defensores da igualdade entre Brasil e Portugal; nesse quadro, ainda, de interesses econômicos já bastante enraizados, as notícias vindas das Cortes soavam como opressivas e intimidadoras. A sociedade se tornara mais diversificada econômica e socialmente, novas aspirações surgiam rapidamente, ramificavam-se e imbricavam-se entre brasileiros, entre estes e portugueses, entre todos e os estrangeiros. Portanto, se havia ainda comerciantes, por exemplo, que ansiavam pela volta dos antigos privilégios, outros haviam feito fortuna com a liberdade de comércio e não desejavam ações prejudiciais aos seus negócios. Estrangeiros temiam a anarquia, setores sociais menos significativos receavam a diminuição de suas ocupações, burocratas espoliados dos empregos pela decisão das Cortes de transferir os tribunais e outras instituições, revoltavam-se. E assim, todos esses, no dizer de Armitage – historiador contemporâneo aos acontecimentos – converteram-se em patriotas exaltados.

Desse modo, quando as Cortes começam a exigir mais incisivamente o regresso de D. Pedro a Portugal, essas correntes heterogêneas, momentaneamente unidas, formarão uma rede de proteção e solidariedade à volta do príncipe-regente, com vistas à permanência no Brasil, de quem, pertencendo à Família Real dispunha de poderes equivalentes aos de Lisboa. É sobre essa união que se ergue a liderança de D. Pedro, crescentemente fortalecida pelo apoio recebido, ao qual se soma o ressentimento para com as Cortes pelo menosprezo à sua autoridade.

Não é de estranhar, portanto, o movimento que surge em prol da sua permanência no Brasil. Grupos economicamente expressivos, sobretudo das províncias de São Paulo, Minas Gerais e Rio de Janeiro unem-se a populares insuflados contra o Parlamento português, provocando o chamado "dia do Fico". Em 9 de janeiro de 1822, José Clemente Pereira – presidente do Senado da Câmara do Rio de Janeiro – entrega ao Regente uma "Representação" com milhares de assinaturas, solicitando-lhe que permanecesse no país e ele, por longo tempo indeciso, atende, enfim, à reinvindicação.

Era o prenúncio da separação. Mas um grande artífice dessa separação será José Bonifácio de Andrada e Silva, cuja personalidade forte, visão e habilidade política, permitiram-lhe a atuação marcante e o destaque na história do país que o levariam ao título de "Patriarca da Independência". Para ele, que estava longe de ser um revolucionário, mas que, tendo vivido cerca de 30 anos na Europa, assimilara os princípios do movimento de ideias do século XVIII conhecido como Ilustração, a monarquia, além de constitucional, deveria manter a indissolubilidade do Reino Unido, com igualdade, entretanto, de representação nas Cortes. Defendia, também a autonomia provincial, mas a unidade territorial do país teria de prevalecer sobre quaisquer reivindicações localistas.

Essas foram as ideias que os deputados eleitos por São Paulo, todos eles também políticos de expressão, como Diogo Antonio Feijó, por exemplo, o Senador Vergueiro, Antonio Carlos, grande figura e irmão de José Bonifácio – levaram às Cortes. Chegaram a Lisboa em 6 de fevereiro de 1822, após o episódio do "Fico" e quando os trabalhos parlamentares já estavam adiantados. Com a certeza de que pretendiam a ex-colônia em pé de igualdade com Portugal, mas sem pensar ainda em separatismo, conseguem anular quaisquer atitudes de vacilação ou hesitação dos brasileiros de outras províncias que já lá estavam. Assim, na sessão de 17 de junho de 1822, a Comissão encarregada dos artigos adicionais da Constituição para o Brasil apresenta a sugestão de uma monarquia dual com dois congressos, Regente e tribunais brasileiros.

Aproveitando a referência aos deputados paulistas, cabe aqui um parênteses para lembrar o contraste entre a importância política de São Paulo nos sucessos da independência e a então medíocre projeção econômica da Província. Boa parte deles instruíra-se na Europa e dispunha de conhecimentos filosóficos. Assim como José Bonifácio, seu irmão Martim Francisco estudara ciências naturais em Coimbra; o padre Feijó inspirava-se em Kant e entre os que foram a Lisboa, mesmo os que nunca haviam saído do Brasil anteriormente, conheciam os princípios básicos do pensamento liberal, apreendido principalmente nos enciclopedistas franceses, embora limitado por seus interesses próprios. Daí a luta pela supressão do jugo

Política e cultura no Império brasileiro

português, pelo livre comércio, pela República ou Monarquia Constitucional, mas não pela renúncia à escravidão, por exemplo. Foi grande o destaque desses integrantes da chamada "geração da Independência", por quase toda a primeira metade do século XIX, dando a São Paulo uma fisionomia política apreciavelmente unitária no período e um importante papel na vida nacional, ao contrário do que ocorrerá na segunda metade do século, quando a Província ganha grande expressão econômica e perde representatividade política.

Fechado o parênteses, pode-se dizer que a proposta linhas atrás referida de monarquia dual, com dois congressos, Regente e tribunais brasileiros apresentada pelos do Brasil não conseguiu aprovação. A bancada portuguesa ignorou os direitos do reino americano, ao ponto de parlamentares como Cipriano Barata, representante de Pernambuco conhecido pelo radicalismo, chegar a dizer em plenário que a única solução para os conflitos seria a ruptura entre os dois reinos.

No Brasil também, os acontecimentos se precipitam. Ante a insistência das Cortes em afirmar a sua autoridade sobre D. Pedro, os políticos articulam-se, já agora convencidos de que, embora levando à separação, a resistência a Portugal deveria continuar. O grupo contrário às atitudes das Cortes, em grande parte congregava a opinião de São Paulo, Rio de Janeiro e Minas Gerais e preocupava-se com a reação de outras facções da época como a dos ainda absolutistas ou a dos radicais que pensavam na instauração de uma República. Aliás, o grande temor sempre presente era esse: o exemplo das ex-colônias hispânicas, repartidas em pequenas repúblicas. Mas a capacidade articuladora, a habilidade política de José Bonifácio e de outros moderados, manipulando o carisma da realeza – muito forte ainda na maioria das províncias - contendo a exaltação dos republicanos e a ação conservadora dos absolutistas, conseguiram convencer de vez o Príncipe, que por muito tempo se mantivera hesitante, sobre a impossibilidade de manter os dois reinos. Sua decisão final resultaria, assim, no 7 de setembro e no surgimento do Império brasileiro.

O PRIMEIRO IMPERADOR DO BRASIL: ABSOLUTISTA OU LIBERAL?

A pergunta que encima o presente sub-capítulo se impõe, pois as contradições entre pensamento e ação parecem ter marcado a vida política do herdeiro de D. João VI. Aceitara e proclamara a independência do Brasil sob a égide do liberalismo, tornando-se um monarca constitucional e influindo num processo que preservou a integridade territorial do país. Políticos de todas as províncias sufocaram as discordâncias ideológicas ou de outra natureza para apoiá-lo e a população aplaudiu entusiasticamente o Defensor Perpétuo do Brasil, título que lhe havia sido conferido pela maçonaria em 13 de maio de 1822, portanto alguns meses antes do 7 de setembro.

Contudo, ao se dirigir à multidão no dia em que foi coroado Imperador, diria: - "Juro defender a constituição que está para ser feita, se for digna do Brasil e de mim". A célebre frase já deixava entrever uma fissura no pensamento liberal que, aparentemente, até então o monarca

Política e cultura no Império brasileiro 33

defendia, em contraste com o feitio autoritário de sua formação, vivida na corte absolutista luso-brasileira.

Esse contraste e o provável sofrimento dele decorrente são a tônica da bela biografia em três volumes – ainda não superada - que Otávio Tarquínio de Souza escreveu sobre D. Pedro I na coleção *Fundadores do Império*. Vale a pena saber o que diz esse autor, cuja interpretação alicerçada em copiosa documentação, casa-se a um invejável estilo literário e a uma primorosa reconstrução do contexto histórico.

Para ele, D. Pedro sempre foi contraditório. Entusiasmou-se com as ideias liberais dos filósofos franceses, leu, ainda que superficialmente, o suíço Benjamin Constant, um dos membros mais ouvidos nos círculos políticos liberais de Paris, aderiu de pronto à causa constitucional defendida pelas Cortes. De volta a Portugal, lutaria pelo trono da filha Maria da Glória, ameaçado pelo próprio irmão D. Miguel, de notórios pendores absolutistas. Mas desde que se tornou Imperador do Brasil, praticou atos de força e arbítrio, próprios de um rei do Antigo Regime.

A frase reproduzida linhas atrás é significativa. Voltaria a repeti-la – com outras palavras – na fala de 3 de maio de 1823, quando a Assembleia Constituinte inicia seus trabalhos. Dirigiu-se aos constituintes eleitos, dizendo: - "Espero que a Constituição que façais mereça a minha imperial aceitação..."

Não era o discurso de um liberal. Para seu biógrafo, "esse discípulo algo vadio de Benjamin Constant carecia da paciência dos calculistas álgidos, mal contendo os assomos. Caprichoso, não punha calma no pendor de querer sempre triunfante o seu alvitre. Desamava conselhos..."

Por outro lado, cabe lembrar que faltava a todas ou a quase todas as personagens empenhadas na tarefa de erigir o Império nascente, "o conjunto de qualidades e dons pessoais de contemporização e maleabilidade que o ofício político exige em horas tais. Homens que haviam dado prova do melhor espírito oportunista a respeito da questão fundamental – fazer do príncipe-regente o eixo da resistência a Portugal e, pondo de lado veleidades republicanas aclamá-lo Imperador - não se entendiam acerca de pontos secundários". Além disso, formados no absolutismo, nenhum deles sabia na prática como funcionava um governo liberal, o que significava um regime constitucional.

Desse modo, logo se iniciariam as desavenças. Na Constituinte, por exemplo, as discussões mais constantes referiam-se à repartição dos poderes, não se entendendo os eleitos sobre a extensão dos mesmos. Os moderados, como os irmãos Andrada, entre outros, defendiam a maior autoridade do chefe do Executivo, entendendo que para evitar o radicalismo de grupos exaltados, prejudicial ao "status quo", seria necessário centralizar os poderes de decisão nas mãos do Imperador.

Não só isso. Por trás das discordâncias, escondiam-se muitas vezes, ambições pessoais ou de poder. Com seu feitio autoritário e arrogante, granjeador de inimigos, José Bonifácio, de imediato, desaveio-se com Joaquim Gonçalves Ledo e seu grupo do Rio de Janeiro, cuja importância no processo de independência não pode ser minimizada. Basta lembrar que aquele radical, fundador do jornal "O

Política e cultura no Império brasileiro

Revérbero Constitucional Fluminense", participou ativamente dos movimentos de 1821 em prol da emancipação, instigou o governo a convocar uma Constituinte antes do 7 de setembro e abafando suas tendências republicanas, redigiu o Manifesto de 1° de agosto de 1822, dirigido por D. Pedro "aos povos do Brasil", no qual se falava abertamente em independência. Mas o Andrada chamava-o e aos seus seguidores de demagogos que não dissimulavam "o plano de preponderar no ânimo do jovem imperador, subtraíndo-o ao influxo do seu ministro e conselheiro mais esclarecido".

Nesse quadro também contavam interesses e competição econômico-administrativas. Era visível a malquerença entre portugueses, predominantes na burocracia civil e militar bem como no setor mercantil e brasileiros, muitos deles, proprietários rurais, embora todos apoiassem a Constituinte sob um regime monárquico.

Não é de estranhar, portanto, o provocativo discurso de Antonio Carlos, na Assembleia Constituinte, em que o irmão de José Bonifácio afirmaria ser impossível a um português "amar de coração uma ordem de coisas que implica a ruína de sua pátria de origem..."Ora, portugueses eram o Imperador, os ministros da Guerra e da Justiça, muitos oficiais militares e figuras de grande projeção econômico-política, como o futuro senador Vergueiro, Limpo de Abreu e outros.

Aproveitando todas as circunstâncias, os inimigos dos Andrada procuram então intrigá-los junto ao Imperador, cujo temperamento impulsivo leva-o, ao rompimento com eles, apesar do grande respeito e admiração que até ali tributara ao Patriarca da Independência. Este deixa o governo em julho de 1823 e juntamente com os irmãos, passam todos a fazer aguerrida oposição, agitando ainda mais o ambiente político.

A Constituinte refletia o curso da agitação. Desfazia-se rapidamente a efêmera união das correntes políticas em prol da independência, vindo à tona com maior clareza as contradições que marcaram o processo da mesma. Em oposição aos moderados, os mais radicais, em assomos nativistas, propunham medidas que afastassem os portugueses de cena e se batiam pela limitação de poderes do Executivo. Começavam também a mostrar desconfiança em relação a D. Pedro, sobretudo quando resolveu admitir no Exército Imperial os oficiais portugueses que, na Bahia, haviam se oposto à emancipação.

Nesse ambiente, o Imperador vai progressivamente se indispondo com os deputados brasileiros. Ante as críticas, sentia-se atingido na autoridade do cargo e reagia impulsivamente, como era de seu feitio.Assim, com o acirramento dos debates na Constituinte, na qual vozes radicais defendiam princípios avançados, resolve dissolvê--la em 12 de novembro de 1823, nomeando uma comissão para redigir o texto constitucional.

Era um ato de força e mais um passo em direção ao autoritarismo de que frequentemente o acusavam. Como diz Otávio Tarquínio de Souza, talvez não quisesse agir desse modo "nos seus devaneios liberais, no seu constitucionalismo de leitor de Filangieri", mas a tal seria levado "pelo amor-próprio suspicaz, pelo capricho de voluntarioso (...) Humilhado não seria. Não se resignaria a

Política e cultura no Império brasileiro 37

ficar diminuído. Resguardaria fosse diante de quem fosse a sua autoridade..."

Assim parecia pensar. E assim nasceu a Carta Outorgada de 25 de março de 1824, chamada dessa forma por ter sido imposta ao povo sem prévio debate e votação por seus representantes. Seria a primeira constituição brasileira e a única do Império.

O modo como foi feita destoava das concepções liberais, mas era mais moderada do que se poderia esperar, traduzindo a influência europeia e não tanto a norte-americana. Estabelecia a Monarquia Constitucional, hereditária e representativa, garantindo a liberdade econômica, os direitos individuais e de credo, com o catolicismo como religião de Estado.

Extremamente centralizadora, deixava pouco ás províncias, tanto em relação a rendas quanto a iniciativas administrativas, tudo dependendo do governo central, que também nomeava os presidentes de província. O texto não fala em escravos, excluindo, portanto, do jogo político quase um terço da população.

O governo era dividido em quatro poderes: o Legislativo, encarregado das leis, o Judiciário, que fiscalizaria as referidas leis; o Executivo, cuja função seria a de executá-las, exercido pelo monarca e seus ministros. A novidade estava no aparecimento do Poder Moderador, a ser praticado exclusivamente pelo Monarca. A inserção dessa prerrogativa fora provavelmente influenciada pelos escritos de Benjamin Constant, que, como D. Pedro, era conhecido também de todos os estudiosos brasileiros naqueles dias de intensa curiosidade pelos temas de Direito Público. Esse quarto poder conferia ao monarca a possibilidade de nomear senadores, dissolver o Parlamento, suspender juízes e era justificado teoricamente pela eventual necessidade de resolver problemas entre Executivo e Legislativo. Para D. Pedro, representava um estímulo aos pendores de mando que vinha demonstrando.

Ora, a dissolução da Assembleia Constituinte e a imposição da carta constitucional ocasionaram duras críticas, mas a reação mais profunda teve início em Pernambuco com o movimento conhecido como Confederação do Equador, ao qual rapidamente aderiram o Rio Grande do Norte, Ceará e Paraíba. Havia ali figuras de longo passado revolucionário como Cipriano Barata e o Frei Carmelita Joaquim do Amor Divino Caneca, mais conhecido como Frei Caneca. Para este, "cada província podia seguir a estrada que bem lhe parecesse, escolher a forma de governo, que julgasse mais apropriada às suas circunstâncias e constituir-se da maneira mais condizente à sua realidade". Na esteira desse pensar, eles e os demais revoltosos pretendiam criar uma Confederação das províncias situadas acima da linha do Equador, nos moldes do modelo americano, ou seja, uma república federal. O movimento teve duração efêmera – julho a setembro de 1824 – mas a repressão foi violenta: dezesseis condenados à morte – entre os quais, Frei Caneca – e muitos mais, às penas de prisão e degredo.

Não era esse o Príncipe que percebera a impossibilidade de manter o absolutismo e que talvez tivesse sonhado com a renovação necessária para dar à monarquia um sentido compatível com os novos tempos. A índole

Política e cultura no Império brasileiro

autoritária, a formação, as origens, o temperamento explosivo, traiam-lhe a todo momento as possíveis convicções liberais.

Segundo Otávio Tarquínio, seu amor ao Brasil era indubitável, mas para torná-lo evidente, "deveria sofrer um túrbido processo, vencer uma por vezes dilacerante crise emocional, superar um drama íntimo em que se debateriam elementos igualmente poderosos e contraditórios".

O fato é que se alargava o fosso entre o Imperador e os aliados de 1822. E quanto mais se alargava, mais aquele se aproximava do "partido português", ou seja, dos reinóis que por serem contrários à independência haviam sido postos de lado momentaneamente.

A situação não melhoraria com o início da atuação parlamentar. No caso do poder legislativo, a Constituição previa uma Assembleia Geral, composta do Senado - vitalício, com integrantes nomeados pelo Imperador - e da Câmara dos Deputados, eleitos por três anos. O mandato temporário tornava estes últimos mais independentes e talvez seja um dado para explicar o conservadorismo dos senadores durante o Primeiro Reinado e a crescente altivez da Câmara frente ao Imperador, a qual, com maioria liberal, fazia-lhe acerbas críticas, bem como aos seus ministros, acusados de tratar os parlamentares com indiferença e arrogância. Enfim, desde que em 1826 se instalaram os trabalhos legislativos, foi de crise constante o relacionamento com D. Pedro I, cuja popularidade seria grandemente atingida por dois outros importantes acontecimentos: a guerra da Cisplatina e a sucessão portuguesa.

Sempre perseguindo o sonho de estender os limites do Império português até o Rio da Prata, em 1821 D. João VI anexara ao Brasil a Banda Oriental – atual território do Uruguai – com o nome de Província Cisplatina, decorrendo daí contínua instabilidade naquela área. Em 1825, um grupo de guerrilheiros comandados pelo general Lavalleja tenta subtrair a Província ao domínio brasileiro, anexando-a à Argentina, que também tinha interesses na região. D. Pedro interveio, iniciando uma disputa com este último país que se estenderia até 1828 e traria pesadas perdas materiais e humanas às duas nações.

A guerra era extremamente impopular, pois os brasileiros não se sentiam identificados com uma província de língua e cultura diferentes. Talvez por isso também, as notícias dos sucessos militares não fossem boas, levando o diplomata britânico Robert Gordon a dizer em sua correspondência para Londres, que a campanha do sul se convertera num pesadelo para a nação.

No entanto, o Imperador insistia. Conforme um outro diplomata, um austríaco citado por Otávio Tarquínio, era impossível descrever a importância que a Guerra da Cisplatina parecia ter para D. Pedro e quanto o contrariavam pontos de vista diferentes. Por isso "a opinião mais comedida, que não seja exatamente conforme à sua, é considerada como uma espécie de traição e infelizmente S. M. nutre uma opinião igualmente exaltada do seu poder e recusa-se a entrever a extrema diferença que existe entre a sua vontade e os seus meios de ação".

Política e cultura no Império brasileiro   41

Bem lembrada observação, pois, realmente, os meios de ação eram insuficientes. Após vitórias e derrotas em terra e no mar, a 20 de fevereiro de 1827 trava-se em Passo do Rosário, a batalha de Ituzaingó, em que os contendores abandonam a luta sem chegar a um resultado definido. Quem ganhará com a guerra será o Uruguai, que terá esse nome a partir de 1828, quando Brasil e Argentina chegam a um acordo pelo qual se reconhecia a independência da Província Cisplatina.

Desse modo, enfraquece-se ainda mais a já débil posição do Imperador, sobretudo porque, simultaneamente aos problemas no sul, outra questão o incompatibilizaria de vez com os brasileiros: em 10 de março de 1826 morria D. João VI, deixando D. Pedro como herdeiro do reino luso.Para seu biógrafo, o Imperador abrigava "o plano de cingir também a coroa de Portugal. Conquistara, forjada pelas próprias mãos a do Brasil; a outra cabia-lhe de direito, sem dúvida".

Era assim que pensava e, para ele, os dois reinos seriam um só, mas para os brasileiros tal união era inadmissível, sem falar no absurdo de um país dividido em duas partes, separadas por milhares de quilômetros.

O Imperador protelou o quanto pôde a tomada de qualquer decisão, mas os agitados debates suscitados, inclusive no Conselho de Estado, levaram à solução "que resguardaria os melindres brasileiros". Em 2 de março de 1826, quase dois meses após a morte de D. João, abdicou do trono português em favor da filha, D. Maria da Glória. A Princesa contava então 7 anos de idade e deveria casar-

-se mais tarde com o tio D. Miguel, de notórias tendências absolutistas, que ficaria como Regente. Mas o irmão de D. Pedro não aceitou o arranjo e usurpou o trono.

É de se supor que o ato de D. Pedro transformando a filha em rainha encerrara a questão, mas ao contrário, as atitudes do irmão levaram-no a empenhar-se vigorosamente na luta contra ele, em defesa da Coroa usurpada. Abrigava os liberais portugueses, gastava longo tempo em articulações e alianças, tornou o Rio de Janeiro um centro de reagrupamento das forças anti-miguelistas. E aí surgem com maior clareza as contradições que o próprio monarca deveria notar e com as quais deveria sofrer: defensor da causa liberal em Portugal, opositor ferrenho às atitudes absolutistas do irmão, e quanto ao Brasil, crescentemente autoritário.

No Parlamento, sucedem-se inflamados discursos contra a prepotência do "absolutista real", que, num círculo vicioso, quanto maiores as críticas, mais se acercava dos patrícios encastelados em postos políticos, administrativos e militares, muito mal vistos pelos brasileiros. Aumentavam assim as desconfianças em relação ao seu liberalismo e à opção pela terra adotiva, pois a origem não brasileira de D. Pedro pesava-lhe e era, em parte, agravada por aquela aproximação.

À questão política somavam-se os problemas financeiros decorrentes, entre outros, dos gastos com a guerra na Cisplatina e com o pagamento de dois milhões de libras a Portugal pelo reconhecimento da independência brasileira.

Política e cultura no Império brasileiro 43

O clima de tensão amplia a malquerença contra os portugueses, incluíndo agora o próprio monarca que tenta contornar a situação, nomeando um ministério só de brasileiros. Pouco adiantou: D. Pedro já não tinha quem o defendesse. Na Imprensa, segundo Armitage, dos 53 jornais existentes no país em 1830, apenas 11 eram favoráveis ao Imperador que, acuado, desavindo-se com o ministério, demite-o e em 5 de abril de 1831 nomeia outro, do qual participavam conservadores nascidos em Portugal, suspeitos aos olhos dos brasileiros.

A essa altura, crescera e radicalizara-se a campanha contra o governo. Insuflada pelos políticos, a população acorre às ruas e junto com as tropas amotinadas exige a reintegração do ministério anterior. Era o fim para um governante que ao longo de seu reinado, mostrara-se sempre extremamente cioso da autoridade que lhe conferiam o título, o cargo e o nascimento.

Na madrugada de 7 de abril, D. Pedro redige o texto que o levará para fora do Brasil: - "usando do direito que a Constituição me concede, declaro que hei mui voluntariamente abdicado na pessoa de meu muito amado e prezado filho, o senhor Dom Pedro de Alcântara."

Com essas curtas palavras, encerrava-se o também curto reinado do primeiro imperador do Brasil. Encerrava-se ainda o dilema sob o qual vivera. Não era mais o titular de um posto, para o qual, os embates político-administrativos exigiam o temperamento conciliador e comedido que ele nunca tivera. No Brasil, deixou a imagem de soberano autoritário, á moda absolutista. Em Portugal, defendendo o trono da filha, voltaria a ser um liberal

UMA PRINCESA NA POLÍTICA. POR QUE?

No dia 6 de novembro de 1817, o Rio de Janeiro amanheceu belo e risonho. Bimbalhavam sinos, ruas e ladeiras juncavam-se de ervas odoríferas e flores, portas e janelas ornamentavam-se com a magnificência possível em cidade tão colonial ainda. No porto, coalhado de embarcações e apinhado de povo, esperava-se o desembarque de D. Leopoldina, a princesa austríaca que se casara por procuração com D. Pedro, herdeiro do trono.

Portanto, marido e mulher encontravam-se pela primeira vez. Que impressão teriam tido um do outro? A da princesa seria, com certeza, bastante lisonjeira, pois, a julgar pelas narrativas de contemporâneos, D. Pedro era fisicamente bem constituído, garboso e atraente. Já D. Leopoldina, na cruel descrição de Alberto Rangel, citado por Otávio Tarquínio, era "de estatura meã, grosso pescoço das vienenses, um quê de corcunda, beiços polposos dos Habsburgo no rosto vultuoso (...) cabelos espichados, olhos azuis com a expressão de assustados, a organização robusta...".

A D. Pedro certamente pesara a fealdade da esposa, pois quando enviuvou, ao procurar novo casamento, uma de suas recomendações seria a de que a noiva fosse bonita. Mas D. Leopoldina era inteligente, bondosa e culta. Filha de Francisco I, Imperador absolutista da Áustria, seu casamento com D. Pedro ocorria "numa hora em que, desmoronado o Império napoleônico, a Santa Aliança pela boca de Metternich impunha ao mundo os seus desígnios".

Realmente, na aliança concertada entre Áustria, Inglaterra, França, Prússia e Rússia com o objetivo de remo-

Política e cultura no Império brasileiro 45

delar as fronteiras europeias desmanteladas por Napoleão, a Áustria era o país de maior relevo. Conseguir-lhe o apoio ou ao menos a simpatia, representava um hábil golpe político para a concretização dos objetivos de longo alcance acalentados por João VI e seus ministros, no sentido de estender o poderio de Portugal e Brasil, agora unidos pelo ato de 1815 que equiparara os dois reinos. Quanto à Áustria, também lhe interessava um significativo bastião absolutista na América, cujas colônias hispânicas – inadmissivelmente para ela – se haviam emancipado sob o influxo dos "abomináveis princípios franceses".

Para D. Leopoldina, a chegada à nova terra, deve ter oferecido vivo contraste com a refinada Corte que deixara. A começar da paisagem material: "as ruas estreitíssimas, lembrando mourarias, as vivendas sem quaisquer vislumbres de arquitetura (...) conventos numerosos mas simplesmente habitáveis." Contudo, para compensar tal singeleza, uma natureza luxuriante, em que altas montanhas se opunham a magníficas florestas cheias de árvores, flores e pássaros, constituindo, no dizer da recém--chegada, um paraíso terrestre, "não fosse o insuportável calor e os mosquitos".

Um "paraíso terrestre" ao qual logo se adaptaria, tornando-se também protagonista no processo da independência brasileira. Vale à pena analisar essa atuação da Princesa, ainda pouco debatida na historiografia. Pelo nascimento, pelo ambiente em que viveu e cresceu, tinha o que o *Dicionário de Política* de Norberto Bobbio chama de "cultura política", definida como "o conjunto de atitudes, normas e crenças mais ou menos largamente partilhadas pelos membros de uma determinada unidade social e tendo como objeto fenômenos políticos".

Ora, a julgar por essa definição, Maria Leopoldina movia-se no círculo da cultura de elite absolutista. Filha de um poderoso imperador, crescera em ambiente onde se respirava política, ouvindo todos os dias seu pai e ministros oporem-se às ideias liberais que circulavam pela Europa desde a Revolução Francesa. Natural, portanto, que compartilhasse das mesmas opiniões, não sendo de todo absurdo supor que sua pronta aceitação à proposta de casamento com um príncipe radicado na longínqua América, contivesse também a esperança de contribuir para o fortalecimento do absolutismo e de um grande império naquele continente, à semelhança do que sonhavam os ministros joaninos.

O fato é que, nas numerosas cartas enviadas ao pai, parte das quais transcrita por Otávio Tarquínio de Souza na biografia sobre D. Pedro I, assegurava-lhe sempre a sua fidelidade às doutrinas em que fora criada e parecia horrorizar-se com o pendor do marido para o liberalismo.

Como foi visto páginas atrás, D. Pedro não escondia a simpatia pelas ideias políticas a que se opunham os soberanos absolutistas. Era atraído por elas devido à força das mesmas e ao entusiasmo de jovem. No dizer do biógrafo tantas vezes aqui referido, em suas leituras apressadas sobre os choques que culminaram na Revolução Francesa e nas guerras napoleônicas, "surpreendia-se dando razão aos que clamaram pelos direitos do Homem, preferindo inexplicavelmente a vitória do corso". O espírito do século seduzia-o e não lhe parecia incompatível com a subsis-

Política e cultura no Império brasileiro   47

tência da monarquia sob outra forma, por isso, aceitou com entusiasmo a Revolução do Porto e as exigências das Cortes quanto à Constituição.

Não era o caso da esposa até então. Suas conversas refletiam os pontos de vista reacionários da Santa Aliança e, quando o marido discordava, as ideias dele "lhe pareciam sem maior significação". Dizia que, com o tempo, quando amadurecesse e "lhe ficassem as responsabilidades do trono veria claro o caminho verdadeiro", que, naturalmente, para ela, seria o do absolutismo. Ainda em 1821, quatro anos após a chegada ao Brasil e já no período em que D. Pedro começa a viver o drama da opção entre a pátria de origem e a adotiva, escreverá ao pai reiterando o que dissera em outras ocasiões: – "O meu esposo, Deus me valha, ama as novas ideias".

Por tudo o que se conhece da Princesa, não se pode acusá-la de duplicidade. Era sincera nas cartas em que manifestava discordância no tocante à conduta política do marido. Entretanto, no final de 1821 sua atitude mudou. Quanto às ideias é difícil dizer, mas, na ação, rompia claramente com elas.

Os decretos das Cortes de outubro daquele ano dividiam o Brasil em províncias de Portugal, "simples províncias ultramarinas, desaparecendo o centro de unidade brasileira a que ascendera o Rio de Janeiro, ainda em tempos coloniais, com a mudança (em 1763) da sede do vice-reinado" E exigia-se, como se sabe, a volta do Príncipe que, como se sabe também, ia resistindo à determinação, até oficializar,enfim, a negativa, no dia do "Fico". Na véspera desse dia, ou seja, em 8 de janeiro, D. Leopoldina escreveria: – "esperam-se aqui muitas agitações para o dia de amanhã (...) o Príncipe está preparado mas não tanto quanto eu desejaria, os ministros vão ser mudados e empregar-se-ão naturais do país, que sejam ilustrados e o governo será instituído à maneira dos Estados Unidos da América do Norte. Custou-me muito alcançar isto tudo – só quereria poder inspirar ainda mais decisão".

Para Otávio Tarquínio, a austríaca "vencendo impulsos de sangue e educação, e o natural desejo de regressar à Europa, concorria para firmar o príncipe na grande resolução. E gabara-se da parte que tomara, talvez exagerando-a".

Certo é que ia mudando e envolvendo-se visivelmente nos assuntos de Estado. Chamava os da terra de "valorosos brasileiros", indignava-se com as ordens das Cortes e, finalmente, no 7 de setembro, marcou presença ao lado de José Bonifácio. Entre as cartas que alcançaram D. Pedro às margens do Ipiranga, estavam as de D. Leopoldina, que falava da remessa das tropas portuguesas contra o "amado Brasil" e das "expressões indignas" com que em Lisboa se referiam ao Regente. Instigava-o, diante disso, a uma ação definitiva.

Abraçando, assim, a causa brasileira, rompia a Princesa com os princípios e doutrinas em que fora criada. Sabia que a independência traria a monarquia constitucional, na qual o poder do marido seria forçosamente limitado. Sabia também que agia contra as ideias do pai, a quem votava imenso respeito.

Provavelmente enfrentou as indecisões, o dilema, enfim, resultante da contradição entre pensar como ab-

Política e cultura no Império brasileiro   49

solutista e atuar em comunhão com os constitucionalistas brasileiros.

Que razões, então, levaram Maria Leopoldina a essa atitude?

Para Otávio Tarquinio de Souza, o amor devotado a D. Pedro. Seu casamento obedecera às conveniências dinásticas e aos arranjos da diplomacia. Ninguém cogitara de saber se suas preferências, gostos e inclinações coincidiriam com as do marido escolhido por outros. Ante essas circunstâncias, seria até compreensível que sentisse o mesmo desdém da sogra, D. Carlota Joaquina, por uma terra aparentemente tão pouco atraente, se comparada com as civilizadas Cortes europeias.

Mas, como já se disse, adaptou-se logo. Muito mais culta que o Príncipe-regente, versada em ciências naturais, a pujante paisagem natural da terra adotiva encantou-a e, mais do que a terra, o marido. O belo rapaz que lhe coubera "no jogo incerto dos casamentos principescos", seduziu-a de imediato. As cartas que regularmente enviava à Grã-duquesa da Toscana, a tia a quem muito prezava, destacavam o quanto se sentia feliz com o "amado esposo", como a de 24 de janeiro de 1818, em que dizia: – "Não posso senão falar-lhe da minha felicidade, de quão doce é estar com uma pessoa que se ama tão ternamente (...) rejubilo-me por ter encontrado em meu esposo um amigo que adoro por suas excelentes qualidades, e ao qual devotarei doravante com um prazer inexprimível todos os meus cuidados..."

É verdade que estava casada há pouco tempo, mas continuou a referir-se ao desfrute de uma felicidade feita de paz e entendimento". E se à tia expunha-se com maior abandono, nem por isso deixava de manifestar ao pai "o grau de íntima união com o marido".

A despeito da cautela com que tais documentos devem ser encarados, ela parece ter, realmente, amado seu príncipe até o fim da curta vida de vinte e poucos anos, não obstante as humilhações que ele lhe inflingiu com as inúmeras infidelidades, sobretudo quando, perdidamente apaixonado pela Marquesa de Santos, afrontou-lhe a dignidade de esposa, tornando pública tal paixão.

E se assim foi, mesmo que intimamente não concordasse com as ideias e atitudes do marido, segui-lo-ia sem vacilar e até buscaria incitá-lo às decisões políticas, fossem elas quais fossem, como forma de demonstrar-lhe o seu amor.

A par do amor, entretanto, pode-se pensar em outro dado para explicar a atuação política da primeira imperatriz brasileira e que, talvez, tenha tido algum peso também. A educação de uma futura rainha comportava peculiaridades inerentes ao seu alto nascimento: era criada para perpetuar o sangue dos ascendentes, gerar uma prole de príncipes e coadjuvar sem qualquer restrição as decisões do marido soberano. Este, em geral desconhecido, era escolhido e aceito, tendo-se em vista apenas os interesses dinásticos e políticos. O resto carecia de importância.

Diferentemente de Carlota Joaquina que, com ambições políticas próprias e com outros apetites, perturbava o rei D. João VI e seu governo, D. Leopoldina sempre demonstrou acurado senso de dever, buscando cumprir sem discussão tudo o que julgava próprio de uma filha de

Política e cultura no Império brasileiro   51

reis. Em seu curto período de casada, gerou praticamente um filho por ano, apresentando-os orgulhosamente ao pai a cada prenúncio, como revela em carta enviada a Francisco I: – "Estou no fim do terceiro mês de gravidez do meu quarto filho, para a conservação do renome da Casa da Áustria...".

Embora pudesse discordar das ideias de Pedro I, nunca o afrontava, esperando pacientemente que mudasse, como já foi dito aqui. E quando a situação política levou o país à emancipação e à monarquia constitucional, acompanhou e prestigiou de bom grado a atuação do futuro Imperador, atuando também "por maior que fosse o escândalo causado nas hostes da Santa Aliança".

É possível, portanto, que sua educação e o senso em alto grau de dever, a par, talvez da perspectiva de manter um grande Império na América, ainda que constitucional – possam, em parte, explicar-lhe a participação na política.

Certo é também, que a tese de Otávio Tarquínio deve ser considerada: o amor pesou bastante. Quando morreu, em 1826, D. Pedro estava no sul, envolvido com a guerra da Cisplatina. Na carta de despedida ditada à Marquesa de Aguiar por que já não conseguia mais escrever, chamava-o de "meu Pedro, o meu querido Pedro". Morria "chorando o amor que outra mulher lhe roubara".

* * *

II
Período regencial:
uma contestação à "flor exótica"?

A "experiência republicana"

A abdicação do Imperador Pedro I em 7 de abril de 1831 deu-se em clima de esvaziamento e desprestígio político dele e daqueles que ainda o apoiavam, como foi visto no capítulo anterior. Ocorreu em seu governo o previsível desdobramento das contradições que marcaram a independência, cuja concretização não conseguiu romper completamente os laços existentes entre Brasil e Portugal, nem atenuar a rivalidade entre os naturais de ambos os países.

Embora tenha vivido 24 anos no continente americano, D. Pedro nunca deixará de ser um adotivo aos olhos de muitos brasileiros. Certamente há injustiça nesse modo de ver, mas acercando-se do "partido português", tentando manter a Coroa herdada do pai, tomando, como já se disse, medidas intempestivas e autoritárias, provocou o temor – sincero ou não – de uma recolonização.

Nesse sentido, pode-se considerar o 7 de abril como o momento em que "o ato de independência ganha verdadeiramente um selo nacional".

Contudo, de imediato, havia o problema da governabilidade: o futuro Imperador era um menino de cinco anos e os demais membros da Casa Imperial também não preenchiam os requisitos exigidos pela lei que, nesses casos, previa a instalação de uma regência trina.

No mesmo dia da abdicação escolheu-se, pois, provisoriamente, um triunvirato composto por Nicolau de Campos Vergueiro, Joaquim Carneiro da Cunha e o militar Francisco de Lima e Silva, substituídos em junho do mesmo ano pelos membros da Regência Trina Permanente, eleita por Senado e Câmara reunidos em Assembleia Geral. Mantinha-se Francisco de Lima e Silva e outros dois moderados compunham o novo governo: José Bráulio Muniz e José da Costa Carvalho. Seu programa de ação baseava-se sobretudo, na manutenção da monarquia e no revigoramento da unidade nacional, valendo dizer, que, como em 1822, afastava-se o radicalismo

Fato relevante seria a nomeação de Diogo Antonio Feijó para o Ministério da Justiça, com amplos poderes no sentido de assegurar a ordem pública, visto a agitação política que precedera a abdicação e ainda perdurava. Em função de tal objetivo e sempre pensando também na eventualidade de rebeliões da escravatura é que Feijó cria

Política e cultura no Império brasileiro   55

a Guarda Nacional, uma milícia subordinada diretamente ao Ministério da Justiça e inspirada na similar francesa.

Apesar disso, a Regência Trina, seu Ministro da Justiça e os governos que se seguiram não tiveram uma administração tranquila.

É consenso na historiografia que a fase da Regência foi a mais agitada e talvez a mais fascinante da vida nacional, pois nela, entre os embates de todo tipo, arma-se a estrutura da nação. Ressurge, ali, incessantemente, a polêmica "entre partidários da centralização e advogados mais ou menos explícitos da ideia Federal". Ela está presente, tanto nas revoltas do período, quanto no Parlamento e explica as reformas legislativas então ocorridas. Provavelmente devido a estas é que Joaquim Nabuco dirá: – "a Regência foi a República de fato, a República provisória".

A expressão é forte, pois as mudanças legais – de cunho liberal – tendem mais à descentralização político-administrativa que à negação da ideia monárquica ou à federalização e se concretizam sobretudo no Ato Adicional de 1834 e no Código do Processo Criminal. Este surgiria em 29 de novembro de 1832, com um caráter acentuadamente liberalizante. Dois anos antes, ainda no reinado de Pedro I, fora promulgado o Código Criminal que, juntamente com a Constituição de 1824, eliminara muitos arcaísmos das Ordenações do Reino - a legislação vigente no período colonial - mas o Código de Processo foi muito além. No dizer de Paulo Pereira de Castro em capítulo que escreveu para a *História Geral da Civilização Brasileira*, o projeto elaborado seria "a mais ousada experiência de legislação liberal, jamais tentada no país (...) incorporando, precisando e ampliando as conquistas fundamentais da opinião liberal no Primeiro Reinado".

Realmente, em essência, o Código estabelecia a justiça democrática, confiando-a às magistraturas de escolha popular. Reconhecia o direito ao "habeas-corpus" e instituía o tribunal do júri. Respeitadas as exceções constitucionais – a Família Imperial e o Legislativo – não haveria foros privilegiados: Promotores, juizes de órfãos e juizes municipais eram nomeados pelo Governo, mas escolhidos de listas tríplices propostas pelas Câmaras Municipais.

O Código de Processo Criminal possuía, pois, um substrato democrático, ou, ao menos, de forte liberalismo e fortalecia o município, cujo poder, no entanto, bem logo se esvaziaria com a promulgação em 12 de agosto de 1834 do Ato Adicional, assim chamado porque foi acrescentado à Constituição. Seria a única reforma sofrida por ela durante o Império e previa a abolição do Conselho de Estado, que funcionava como instrumento pessoal do Imperador; convertia em Assembleias Legislativas os Conselhos Gerais das províncias dando-lhes maior autonomia e tutela sobre os poderes locais, estabelecia a Regência Una, a fim de evitar divergências entre os regentes. A escolha de um novo governante seria por eleição, na qual votariam eleitores de todas as províncias, à semelhança do que se fazia em países convertidos em Repúblicas.. Lembra Paulo Pereira de Castro que para a opinião da época, tal procedimento surgia como a realização de uma experiência republicana, suscitando afirmações semelhantes às de Nabuco, já aqui citada.

Política e cultura no Império brasileiro

Contudo, apesar de discutida durante anos, a reforma de 1834 não foi tão radical como queriam os liberais exaltados: extinguiu o Conselho de Estado, mas manteve o Poder Moderador e a vitaliciedade do Senado; as províncias continuaram a ter presidentes nomeados pelo poder central, a quem caberia também uma parte dos tributos gerados por elas. Desse modo, a autonomia provincial era relativa e por isso se diz que o Ato Adicional representou uma transação entre "as tendências mais avançadas dos reformadores da Câmara e as conservadoras ou reacionárias do Senado".

Promulgado, procedeu- se à eleição do regente único, recaindo sobre o padre Diogo Antonio Feijó a preferência dos votantes, mas seu governo seria de curta duração: personalidade forte, de feitio autoritário, desaveio-se com a maioria dos políticos, tanto da Câmara quanto do Senado. Não podia nem contar com o apoio da Igreja, que abominava suas ideias sobre o celibato clerical, cuja extinção defendia claramente.

Nem bem iniciara o mandato, começaram a espoucar as graves rebeliões que caracterizaram o período regencial. Impotente para contê-las, sem apoio parlamentar, atacado pela Imprensa, em setembro de 1837 renunciou ao cargo, dois anos antes dos quatro para os quais fora eleito, sendo substituído por Pedro de Araújo Lima, futuro Marquês de Olinda.

A partir daí, começa a surgir o que a historiografia chama de "Regresso", uma reação conservadora à política inspirada pelo Ato Adicional, cujo caráter razoavelmente moderado não impedia os opositores de dizer que as revoltas então em curso deviam-se à excessiva liberdade concedida por ele às províncias, que era preciso revogar ou reformar as "leis anárquicas"; que a unidade do Império estava ameaçada...

Defendendo tais ideias, o novo regente e seu "ministério das capacidades", assim chamado devido ao brilho e prestígio dos que o compunham, passaram a articular e a construir a "política do regresso". Seu objetivo maior era o de erigir uma estrutura que fortalecesse a autoridade central e submetesse as províncias, a fim de evitar riscos à unidade territorial. Os pilares jurídicos dessa estrutura, entre cujos artífices está Bernardo Pereira de Vasconcelos, uma das grandes figuras da época, serão as reformas do Ato Adicional e do Código do Processo Criminal.

Com o nome de Lei de Interpretação do Ato Adicional, estatuída em 1840, a nova medida legal restaurava o Conselho de Estado e restringia a competência das Assembleias Provinciais.

O complemento obrigatório dessa Lei de Interpretação foi a reforma do Código do Processo, efetivada em 1841, que modificava a legislação criminal, a policial e a do Poder Judiciário, diminuindo as características liberais e até democráticas daquele Código. Criou-se, então, uma completa hierarquia policial e judiciária de nomeação imperial, anulando o princípio eletivo do sistema. Também o juri teve suas atribuições consideravelmente reduzidas. Em suma:: as duas reformas destruíam a obra – mesmo mutilada - do liberalismo radical, reforçando em toda a linha o centralismo da Constituição.

Política e cultura no Império brasileiro   59

Para o Partido da Ordem – como seus integrantes o chamavam – ou Regressista, aquela era a única possibilidade de manter o país unido, mas para os liberais, autores das reformas anteriores, significava a completa manifestação do despotismo.

Começaram então a definir-se melhor, não só as disputas como os dois grandes partidos políticos do Império: o Liberal e o Conservador. O primeiro, passa a lutar na ocasião, pela preservação do Ato Adicional e por novas conquistas institucionais, para ele necessárias ao "progresso", do qual se considerava o paladino. Quanto ao Partido Conservador, seus membros achavam indispensável limitar a liberdade de ação político-econômica das províncias, que permitia- segundo eles - a "anarquia" então em curso e comprometia a unidade nacional. Por isso, lutaram e conseguiram criar, através das reformas acima referidas, os mecanismos necessários ao fortalecimento ainda maior do poder central.

Inconformados com as mudanças, os liberais iniciam um movimento para antecipar a ascensão do Imperador ao trono e assim mudar o quadro político.. Fundam o Clube da Maioridade e levam ao Parlamento o projeto de Antônio Carlos de Andrada e Silva sobre a questão, cujo debate o regente Araújo Lima tentou adiar. Os interessados decidem, então, em comissão, ir perguntar ao jovem herdeiro do trono, naquele momento com 14 anos de idade, se desejaria ser declarado maior. A resposta imediata – "Quero já" –, selou o fim do período regencial.

Por tudo isso, dirá Paulo Pereira de Castro que "a maioridade, impropriamente definida como um golpe parlamentar, foi na verdade um golpe palaciano cujo elemento decisivo seria a manifestação da vontade do futuro monarca".

Iniciava, assim, D. Pedro II o seu longo reinado de 49 anos, deixando para trás a Regência, que, embora tumultuada, através dos choques ocorridos, permitiu às províncias a aquisição progressiva da nacionalidade, superando os regionalismos que as marcavam.

* * *

A CONTESTAÇÃO ARMADA

Já foi visto acima que os políticos do Regresso temiam as consequências do Ato Adicional de 1834. Bernardo Pereira de Vasconcelos, anteriormente um liberal intransigente, chamou-o de "código da anarquia"., sendo preciso "parar o carro revolucionário".

As expressões revelam a preocupação ante o andamento do processo político, dentro do qual, como já foi referido, as agitações que varriam o país eram consideradas pelos mais conservadores uma decorrência das concessões liberais. Curiosamente, entretanto, as "franquezas provinciais", além de não corresponderem completamente às propostas dos liberais exaltados, nem chegaram a ser experimentadas de modo mais duradouro e concreto, pois, com o Regresso, logo se iniciaria a reação a elas.

Na verdade, as rebeliões obedeceram a motivações variadas e algumas começaram a ocorrer antes mesmo do Ato Adicional., como lembra Maria de Lourdes Janotti em seu livro *A Balaiada*. Essas, contudo, em nada foram comparáveis àquelas surgidas a partir de 1835, muito mais sérias e violentas e cuja duração, em alguns casos, ultrapassou o período regencial.

Como os detalhes de tais rebeliões têm sido exaustivamente descritos pela historiografia e como, por outro lado, novas pesquisas vêm incorporando suas próprias posições e enfoques às que já existem, semelhantemente ao que fez Maria de Lourdes Vianna Lyra em livro recente intitulado *O Império em construção: Primeiro Reinado e Regências*, apenas a situação - geral ou particular – que levou às revoltas será novamente relembrada.

Norte, nordeste e sul conflagraram o país de forma violenta durante todo o período regencial e até quase o final da primeira década do Segundo Reinado, em função, como já dito, de ingredientes variados, tanto de natureza econômica, quanto social e política. Alguns foram comuns a todas as províncias rebeladas e outros, peculiares a umas poucas..

A insatisfação com o governo central que, segundo os dirigentes provinciais retirava-lhes autonomia, interferindo indevidamente em suas administrações esteve presente em todas. É que, como lembra Sérgio Buarque de Holanda em "A desagregação da herança colonial", as forças centrífugas tinham raízes que mergulhavam fundo nas próprias origens da atividade colonizadora, sendo difícil aos brasileiros sentirem-se "unidos por vínculos mais fortes do que todos os contrastes ou diferenças" que os separavam. Tolhidos momentaneamente pelas características centralizadoras da Constituição de 1824 e pelo crescente autoritarismo de D. Pedro, com o 7 de abril, sentem chegar a vez de" querer abater quase tudo quanto naqueles nove anos se cuidara de erigir. Não admira se voltem à tona, agora, ainda que temporariamente, as forças centrífugas que o primeiro reinado cuidara sempre de reprimir..."

Portanto, lançam-se à luta em busca da autonomia perdida. Mas essa circunstância apenas não explicaria as revoltas: entre outras, também a pobreza e a falta de oportunidades para a gente humilde, cuja presença e tenacidade na oposição aos governos conferem a algumas delas,especialmente no norte e nordeste, um claro sentido social. A Cabanagem, por exemplo, que explodiu no Pará em janeiro de 1835, durando cinco anos e, segundo as fontes, deixando um saldo de 30 mil mortos, recebeu esse nome devido à participação dos cabanos, assim chamados porque viviam em cabanas que, como todos sabemos, são alojamentos em geral bastante precários. A Balaiada, que conflagrou o Maranhão e parte do Piauí e se iniciou em 13 de dezembro de 1838 deveu o nome a um dos líderes, Manoel Francisco dos Anjos, apelidado de Balaio em virtude das cestas que fazia para vender.

Toda essa gente nutria uma visível malquerença contra os de fora, sentindo- se oprimida especialmente por portugueses, que monopolizavam os postos de mando e detinham privilégios centenários.

A Balaiada vai ainda apresentar um outro ingrediente, assinalado por Maria de Lourdes Janotti no livro já referido páginas atrás: novos rivais – os ingleses - en-

Política e cultura no Império brasileiro   63

tram em cena após a abertura dos portos. Alcançando rapidamente grande influência econômica, afastam os lusos de suas sólidas posições e prejudicam, tanto as pequenas manufaturas quanto os artesãos, impossibilitados todos de competirem com os artigos europeus importados. em condições privilegiadas desde os tratados de 1810.

Além disso, com a queda de preços dos produtos agrícolas no mercado internacional, os grandes proprietários rurais procuravam aumentar sua produção açambarcando pequenos sítios e expulsando os moradores. Enfim, ampliava-se continuamente o número de empobrecidos e descontentes dos vários extratos sociais.

É fácil, pois, entender porque nos manifestos lançados pelos revoltosos, entre outras reinvindicações constavam aquelas que clamavam pela liberdade para os escravos, pelo afastamento dos privilegiados e pela escolha de governantes mais próximos do povo. É fácil ainda entender porque boa parte da historiografia destaca o sentido social dessas revoltas. É verdade que alguns autores como Hélio Vianna, por exemplo, referindo-se à Balaiada, dizem que nela o colorido político, era "mero pretexto para demonstrações do mais desenfreado banditismo". E Francisco Iglésias, em *Trajetória política do Brasil*, chega a concordar em parte com tal opinião, ao falar no conteúdo primitivo do movimento, dada a proveniência humilde de seus líderes e das multidões que os seguiam..

Certo é, no entanto, que, embora não se possa descartar o substrato político das rebeliões nem os atos de selvageria de todos os contendores e não apenas os do "bsnditismo primitivo", os sertanejos cabanos e balaios, ao rejeitarem a pobreza, a miséria, os privilégios dos poderosos, imprimiram claro sentido social aos movimentos em que se envolveram.

Já na Bahia, o conteudo político foi bastante visível e, talvez, predominante. Em 7 de novembro de 1837 eclode ali a Sabinada, cujo nome derivou do seu principal líder, o médico e jornalista Francisco Sabino Álvares da Rocha. Embora o anti-lusitanismo estivesse presente também e fosse tão antigo quanto o início da colonização, naquele momento a grande revolta era contra o governo central, que – diziam os baianos – humilhava-os, nomeando autoridades infensas às suas necessidades e retirando-lhes recursos importantes para a gestão administrativa.

Por isso, exigiam a expulsão do Presidente da Província e a proclamação da "república bahiense", a vigorar enquanto durasse a menoridade do futuro Imperador.

A agitação durou pouco, pois em março de 1838 já era visível a sua agonia, mas ao escrever sobre ela na História Geral da Civilização Brasileira, Wanderley Pinho considerou-a o mais importante movimento político entre os muitos que agitaram a Bahia após a emancipação.

Não bastaria a oposição que norte e nordeste conflagrados fizeram às práticas centralizadoras do governo imperial. A essas regiões juntar-se-ia o extremo geográfico do país com a guerra dos Farrapos ou Farroupilha, como também é chamada. Iniciando-se no Rio Grande do Sul em 1835, mesmo ano em que estourava a Cabanagem, foi a contestação mais intensa e duradoura do período.

Política e cultura no Império brasileiro 65

Devido às dimensões alcançadas, à tenacidade dos combatentes, à "paz honrosa" que selou o término da guerra sem que os "farrapos" fossem vencidos, essa rebelião passou à memória coletiva gaucha mitificada e idealizada pela historiografia regional. Mas no dizer de Sandra Pesavento em *A revolução farroupilha*, esta foi "uma rebelião dos senhores de terra e gado gaúchos contra a dominação que a oligarquia do centro do país, beneficiária da Independência, buscava impor sobre as províncias da jovem monarquia.". Além disso, tinha raizes ainda mais fundas, ou seja, a subordinação econômica do mercado interno à economia central do país, orientada para a exportação.

Realmente, enquanto no centro-sul o café iniciava sua trajetória exportadora vitoriosa, ampliando o peso político daquela região, o Rio Grande do Sul, com sua economia fundamentada na criação de gado, ressentia-se de uma política fiscal que taxava pesadamente os produtos internos. A situação se agravava ante as dificuldades para enfrentar competitivamente os baixos preços dos mercados platinos.

Desse modo, a gota d'água para o descontentamento transbordar seria a criação de novos impostos sobre o couro e a carne. Em 20 de setembro de 1835, o estancieiro e deputado provincial Bento Gonçalves da Silva, inimigo do presidente da Província que o acusava de professar ideias republicanas e de conivência com caudilhos platinos, deflagra o movimento.

Com sucessivas vitórias inicialmente, em 11 de setembro de 1836 os "farrapos" chegam a proclamar a República Rio-Grandense na cidade de Piratini e ampliam o movimento, alcançando Santa Catarina. Ali surgiria a chamada República Juliana, confederada à do Rio Grande do Sul.

Nesse passo, que propunham os revolucionários? Quais as suas reivindicações?

No Manifesto lançado "às nações civilizadas" em 1838, o que dá o tom ao documento é o ressentimento contra a política centralizadora dos governantes que, para eles, só fazia atender os interesses das províncias exportadoras enquanto o Rio Grande se transformava numa verdadeira "estalagem do Império". Por isso, um só recurso restava: "a independência política e o sistema republicano".

Nessa disposição, conseguiram arrastar a luta por muito tempo ainda, mas a maioridade de Pedro II e a pacificação do norte e nordeste, permitem ao governo central dedicar-se inteiramente ao sul, para lá enviando Caxias que, em 1845, oferece aos revoltosos a anistia e outras vantagens para deporem as armas.

Durara dez anos a guerra contra aquela "gente vestida de farrapos", como a qualificavam desdenhosamente os contendores, mas que trouxera grande inquietação ao governo imperial com suas propostas radicais e que contribuiria fortemente para o desenvolvimento de uma identidade gaúcha.

* * *

Por tudo o que se viu quanto à instabilidade política que caracterizou o período regencial, uma pergunta se

Política e cultura no Império brasileiro

impõe: teria ele sido uma contestação ao princípio monárquico, à "flor exótica" tão exaltada pelos conservadores? No claro e geral repúdio à estrutura centralizadora do Império estaria mesmo incluída a rejeição à monarquia?

A resposta não é fácil sem um exame mais detalhado dos acontecimentos, impedido, no entanto, pelos limites destas páginas. Mas pode-se pensar com Maria de Lourdes Janotti, que a década de 30 é a da organização do Estado Nacional e, consequentemente, do processo de formação das classes dominantes brasileiras, cujas diferentes frações entram, então, em luta pelo controle do poder.

A abdicação de D. Pedro trouxera um raio de esperança para todos. Os setores mais humildes, sem uma clara consciência dos interesses das elites, supunham confusamente que teriam os benefícios antes reservados aos portugueses; proprietários de terras desejavam melhores condições para a colocação de seus produtos, políticos pretendiam o revigoramento do liberalismo que os últimos anos do Primeiro Reinado esquecera.

Todos desejavam mudanças. Algumas delas vieram com o Ato Adicional, mas este, como já se disse aqui, resultou numa fórmula de compromisso, ambígua, em que a indefinição de competências e as imprecisões criavam um emaranhado de dificuldades para a administração e favoreciam arbitrariedades. Além disso, enfraqueceu os municípios, criando focos de atrito locais, provinciais e, de todos com o governo regencial, pois também no centro--sul ocorriam desacertos.

Em suma: norte e sul não eram dois blocos unívocos, em luta um contra o outro, É verdade que as províncias rebeladas sentiam-se alijadas da Corte e, sem autonomia, culpavam tanto o governo central quanto as elites políticas que o cercavam. É verdade também que a população livre pobre clamava por melhores dias, responsabilizando as autoridades pela manutenção dos privilégios prejudiciais a ela...

No entanto, a despeito de ligeiras discrepâncias, os revoltosos não falavam de emancipação total nem repudiavam a monarquia como sistema de governo.. Os sabinos, por exemplo, ao proclamarem a "república bahiense", declaram separar-se "dos déspotas da corte central", mas somente até que "o senhor D. Pedro chegue à emancipação aos 18 anos de idade". E concluem: - "Não é, pois, uma república, uma independência absoluta do Rio de Janeiro".

Os líderes da Cabanagem também asseguraram sua fidelidade ao Imperador, assim como os balaios conclamavam os brasileiros a defenderem a religião, a Constituição e a assegurarem sua lealdade a D. Pedro II. Vale portanto, dizer que essas revoltas não pretendiam – em tese - comprometer a unidade do país nem o seu sistema de governo.

O caso da Revolução Farroupilha é mais nuançado: a posição fronteiriça do Rio Grande do Sul tornava-o suscetível à influência dos países vizinhos e entre os farrapos também havia líderes de sinceras convicções republicanas. Chegaram a separar-se do Império, como se viu, mas tanto quanto os sabinos, podem ter usado o separatismo como tática de luta. É o que também pensa Raymundo Faoro em "Os donos do poder", quando diz que as províncias rebeladas, insatisfeitas com a Regência, reagiram "não

Política e cultura no Império brasileiro

para se separar ou tornar-se independentes (...) mas para gozar de maior proteção do centro."

De todo modo, convém lembrar com Aldo Janotti no livro"Marquês de Paraná", que, ante tantas rebeliões sucessivas ou simultâneas, os dirigentes do governo central temeram, sim, o separatismo e a república que delas poderia resultar. Mas, de fato, esse risco não se acentuou, o regionalismo foi diminuíndo e caminhou-se para a unidade nacional sob a égide da monarquia.

UMA GUERREIRA NA POLÍTICA – POR QUE?

Entre as singularidades que distinguem a revolução farroupilha das demais, uma merece destaque pela raridade de sua ocorrência na época: a da participação de uma figura feminina na luta, como foi o caso de Anita Garibaldi. Curiosamente, embora esteja no rol dos personagens históricos brasileiros e seja sempre citada quando se fala dos acontecimentos no sul, a curiosidade ainda é grande sobre a sua pessoa, seus sentimentos, suas emoções, em parte talvez porque, analfabeta, pouco revelou de si mesma. Em comparação, o companheiro - Giuseppe Garibaldi -, foi lembrado em inúmeras obras e ele mesmo deixou copiosas memórias que permitem seguir-lhe a trajetória política –e, em parte, também a de Anita - tanto quanto conhecer os ideais que abraçou, os fatos históricos de que participou, seus traços psicológicos e de personalidade. Além disso, o interesse por ele e por tudo o que lhe é pertinente não mudou, motivando o aparecimento de trabalhos recentes como o de Paulo Markun – *Anita Garibaldi. Uma heroína brasileira* – e os de Ivone Capuano, respectivamente intitulados por ordem de publicação, *De sonhos e utopias... Anita e Giuseppe Garibaldi* e *Garibaldi, o leão da liberdade*. No primeiro, a autora elabora uma minuciosa e alentada biografia sobre o "herói de dois mundos" e sua mulher, situando-os num contexto histórico extremamente amplo, que é sintetizado no segundo livro, mais restrito aos fatos ligados "à figura carismática do polêmico italiano". Em ambos, porém, apoiou-se em extensa bibliografia e fontes documentais que, praticamente esgotaram as informações sobre o tema, constituindo-se eles mesmos, em boa fonte para o historiador. Por tal razão, as considerações a seguir são baseadas inteiramente nesses dois trabalhos da autora referida, sobretudo o último, em especial no que se refere às citações textuais.

Ana Maria de Jesus Ribeiro ou Anita, como a chamaria Garibaldi, nasceu em Santa Catarina e casou-se aos 14 anos, fato comum na época, com um sapateiro de profissão que, monarquista, ao eclodir a Farroupilha, logo se alistaria na Guarda Nacional, tornando-se incerto o seu destino a partir de então. A mulher, contudo, já revelava tendências republicanas, influenciada talvez pelo pai, cujas conversas traíam o sentimento anti-monárquico.

As fontes apontam-na como exímia amazona, arrojada, anti-convencional. Era bela? Difícil saber, a não ser por vagas e divergentes descrições. Um italiano que a conheceu na Europa, considerava-a feia: - "De tez muito escura e traços não muito regulares; a varíola tinha marcado o seu rosto visivelmente." Já para um soldado também peninsular, que pertencia às tropas de Garibaldi na Itália, era "uma mulher dos seus vinte e oito anos, de cor bastan-

Política e cultura no Império brasileiro 71

te morena, de linhas interessantes, delicadíssima de corpo e, ao primeiro olhar, se distinguia nela uma amazona".

Bela ou não, certo é que, seu encontro com Garibaldi em Laguna aos 19 anos de idade é relatado como se fora uma mútua paixão, imediata e incontrolável. Em poucos dias estavam juntos, atraindo a atenção e as críticas dos moradores locais, cujo falatório maldoso mesclava-se às tensões provocadas pela guerra.

O italiano era revolucionário de longa data e desde muito jovem, entusiasmara-se com os princípios de igualdade, fraternidade e liberdade que embasaram a Revolução Francesa e continuavam a manter o seu potencial de atração para quem ansiava libertar a Itália do jugo estrangeiro. Esta, na época, era apenas "uma expressão geográfica", no dizer de Metternich, o chanceler de Francisco I, imperador da Áustria e pai da princesa Leopoldina. Dividida em pequenos reinos e ducados, a fragmentação provocava o ressentimento dos italianos, estimulando a criação de organizações libertárias, cuja atuação seria o primeiro passo para a unificação do país, ocorrida somente em 1870.

Empenhado na causa, Garibaldi é condenado à morte, vendo-se forçado a sair de sua terra. Veio para o Rio de Janeiro, onde chegou por volta de 1835 e encontrou outros italianos, entre os quais Luigi Rossetti, também revolucionário, de quem se tornaria grande amigo. Todos viam nos movimentos liberais da Regência um conteúdo semelhante ao dos seus ideais, seguidores que eram de Mazzini, o patriota italiano fundador do movimento "Jovem Itália". Para eles, a República era a "única forma de governo capaz de permitir o desenvolvimento harmônico de todas as faculdades dos homens e a plena liberdade dos povos".

Impressionados com a tenacidade dos Farrapos, Garibaldi e outros companheiros aderiram à causa gaucha., rumando para o sul em busca dos rebelados. O futuro marido de Anita chegaria em 1839 a Piratini, a vila que os Farrapos haviam transformado em capital da sua República. e logo foi recrutado para auxiliar na construção de embarcações utilizáveis em futuros combates.

A despeito dos primeiros êxitos, o governo rebelde necessitava de novas conquistas.e a de Santa Catarina seria um grande avanço. Mesmo que posteriormente a Província fosse retomada pelo Império, haveria a chance da população associar-se à causa farrapa: - "Qualquer resultado, portanto, traria vantagens múltiplas".

Assim pensavam os revoltosos, cujos líderes decidiram, então, a tomada de Laguna. Para a chefia da missão, escolheram Davi Canabarro, um militar experiente, conhecedor da região e Garibaldi foi incumbido de auxiliá-lo no ataque por mar.

A estratégia dos Farrapos parecia acertada, pois a população os apoiou e três dias depois de entrarem em Laguna ou seja, em 22 de julho de 1839, era proclamada a República Catarinense, também chamada de República Juliana em lembrança do mês no qual surgira. Referindo-se aos primeiros dias de ocupação, diria Garibaldi que "a fortuna parecia ter feito um pacto com os republicanos".

Até então era solteiro, aparentemente pela convicção de que assim lhe seria mais fácil defender a causa li-

Política e cultura no Império brasileiro 73

bertária para a qual nascera. Mudaria de ideia ao conhecer Anita, que a partir de então, acompanha-lo-ia em todos os passos e movimentos.

O encontro entre os dois é relatado por ele mesmo, que, estando no tombadilho de um navio, relembra em suas Memórias: - "Com a luneta avistei uma jovem(...) Desembarquei (...) e um homem (....) convidou-me para tomar café em sua casa. Entramos e a primeira pessoa que avistei era aquela que eu procurava (...) Ambos ficamos estáticos e silenciosos, olhando-nos um ao outro como duas pessoas que já se encontraram e tentam reconhecer reminiscências nas fisionomias".

Pelo romântico relato, foi paixão mútua à primeira vista. É verdade que o próprio Garibaldi confessou já estar se sentindo solitário e Anita também vivia sozinha há longo tempo, predispostos, ambos, portanto, a uma relação amorosa. Contudo, o fato é que ela, desprezando todas as convenções, a partir daí tornou –se a companheira inseparável do revolucionário, para todas as situações.

Davi Canabarro encarregara o italiano de navegar por toda a Costa, a fim de apreender embarcações legalistas. Anita partiu com ele e no curso da viagem de volta foram surpreendidos por três navios inimigos, quando, após um combate de cinco horas conseguiram fugir. Sobre essa luta, ocorrida em 3 de novembro de 1839 e ante a qual Garibaldi quisera desembarcar Anita mas ela se recusara, conta o italiano - "Repentinamente uma bala derrubou-a e a dois de meus camaradas. Corri para ela (...) mas Anita levantou-se sã e salva (...) Supliquei-lhe, então, que descesse para a câmara – Sim, vou descer, me disse ela, mas é para enxotar os poltrões que lá se foram esconder. E bem depressa tornou a aparecer, trazendo por diante dois ou três marinheiros, envergonhados por serem menos bravos que uma mulher".

É verdade que o relato pode estar romantizado, mas certamente emergem dele o orgulho e a admiração pela companheira que guerreava como um homem e chegava a vestir-se como tal para disfarçar os contornos femininos e assim melhor viver entre os soldados.

Outras ocasiões haveria quando, a coragem e tenacidade da brasileira, postas à prova, confirmariam a fama de brava guerreira que começou a cercá-la, como, por exemplo, no episódio de sua prisão após a retomada de Laguna pelas forças legalistas.

A República Juliana durara 106 dias, após os quais, terminava o sonho de conquista da Província de Santa Catarina. No retorno ao Rio Grande, em sangrenta batalha próxima a Curitibanos, Anita foi presa, ignorando o que acontecera ao marido. Desesperada, após alguns dias, conseguiu fugir à noite, à pé, embrenhando-se sozinha na mata, enfrentando inúmeros riscos, como conta Garibaldi: - "...só quem já viu as imensas florestas que cobrem os cimos do Espinhaço (...) cheias de animais ferozes e de répteis (...)pode fazer uma ideia dos perigos que ela correu e das dificuldades que teve a vencer". Galopando à noite num cavalo emprestado, atravessando a vau o caudaloso rio Canoas, sem quase nada para comer durante os quatro dias de distância até Vacaria, onde estavam a tropa e Garibaldi, lá conseguiu chegar finalmente.

Política e cultura no Império brasileiro

A narração do marido, ainda uma vez demonstra a extrema admiração pela coragem da mulher, sendo esse talvez o cimento que o uniu tão solidamente a ela. Mas se suas palavras podem ser interpretadas como parciais ou exageradas, se a linguagem é romanesca, o relato do coronel Antonio Melo Albuquerque que a prendeu, não padece dúvida. Referindo-se ao combate durante o qual foi presa, dirá que "era Anita que mais animava os soldados do seu marido a serem valentes (...) era a combatente com a espada em punho e com os seus lindos cabelos flutuantes que mais se expunha às nossas balas..."

Corajosa, republicana, anti-convencional, teria sido a guerreira que foi se não encontrasse Garibaldi? Ou seria a pacata dona de casa de uma modorrenta cidadezinha do interior catarinense?

Difícil dizer. O fato é que, antes de conhecer o marido já dispunha de alguma cultura política, certamente influenciada pelo pai, que "demonstrava abertamente suas tendências republicanas". Mas a atuação prática contra o monarquismo foi provavelmente determinada pelo amor ao italiano: deslumbrada, quem sabe, com o idealismo e a aparência daquele belo homem que, segundo as descrições, tinha "semblante expressivo e formoso (...) olhos azuis muito vivos, nariz delgado (...) a barba de abundantes sedas à nazarena", enamorou-se para sempre e dedicou-se a ele integralmente. Só o amor, talvez, possa explicar os sacrifícios, os riscos, os sofrimentos que passou a seu lado, rompendo preconceitos, enfrentando inúmeras dificuldades, lutando como um homem em prol das causas por ele abraçadas.

Quando Garibaldi, desanimado após a queda da República Juliana e a volta ao Rio Grande do Sul resolveu partir do Brasil, ela o seguiu sem vacilações, deixando para sempre a terra natal.

Foram primeiramente para o Uruguai, onde, já carregando o primeiro filho, chegaram em meados de 1841, após dois meses de extenuante marcha e onde, cercados de compatriotas, permaneceram até o final de 1847. Lá lhes nasceram mais três filhos, um dos quais morreu e lá também o revolucionário continuaria a guerrear, agora defendendo o país contra o ditador argentino Juan Manuel de Rosas. Contudo, acalmada a situação e ante as notícias de que na Itália estava em curso um movimento nacionalista para libertá-la do jugo austríaco, começa a sonhar com a volta à Pátria, logo concretizada. Sua luta ali tornou-o um dos artífices da unificação italiana, conseguida, como já foi mencionado, somente em 1870.

E Anita? Continuou guerreira e apaixonada até o fim prematuro. Não suportava estar longe de Garibaldi e mesmo quando as circunstancias a obrigavam, encontrava meios de contorná-las. Foi o que ocorreu em um dos muitos episódios da luta libertária, quando o italiano vai para Roma e ela, contra a vontade, permanece em Nice com os filhos.No entanto, não suportando ficar longe do marido vai encontrá-lo, mas a cidade fora cercada pelos franceses e Garibaldi é obrigado a empreender uma fuga ante a qual não conseguiu demover a mulher de acompanhá-lo. Embora esperasse o quinto filho para dali a quatro meses, na primeira casa encontrada cortou os cabelos, "vestiu-se de homem e montou a cavalo".

Política e cultura no Império brasileiro

O italiano pretendia alcançar Veneza, mas a longa e perigosa jornada dos revolucionários, espreitados agora pelos austríacos, levou-os a parar em San Marino onde Anita, ainda uma vez justificou a fama de corajosa que a circundava. Ali, alguns soldados amedrontados procuraram fugir enquanto ela, a cavalo, de chicote na mão, tentava contê-los com "o desdém estampado no rosto" ante a covardia demonstrada por eles.

A essa altura, entretanto, embora sem se queixar, já contraíra a doença, provavelmente febre tifóide, que logo a levaria. Morreu em 4 de agosto de 1849, longe dos filhos mas próxima do marido, de quem exigia incessantemente a presença junto ao leito. Tinha então 28 anos e só a paixão por aquele guerreiro que ela julgava belo e desassombrado pode explicar-lhe a trajetória de vida.

Como já foi dito, quando encontrou Garibaldi, diferentemente das meninas de seu tempo, interessava-se por política, montava a cavalo, era arrojada e anti-convencional. Tais fatores seriam fundamentais, mas não suficientes para explicar-lhe a participação nas lutas políticas da época, seguindo um desconhecido que nem sua língua falava, passando por incríveis privações sem uma queixa, atravessando regiões hostis e desconhecidas, travando duras batalhas, deixando de vez a terra natal.

Por tudo isso, para o historiador George Trevellian, sua condição de esposa superou em muito a de mãe. O silencioso e firme propósito de ficar junto ao revolucionário em qualquer circunstância, "fala por ela com maior eloquência que as palavras (...) sua única paixão descontrolada foi esse amor pelo qual arriscou a vida tantas vezes e a perdeu no fim (...) Preferiu morrer pelo marido do que viver para seus próprios filhos".

A participação do casal nos sucessos brasileiros foi relativamente curta e não seria decisiva para a causa farroupilha, tendo o italiano muito maior importância em sua terra natal. Mas essa participação ficaria assinalada como a de um homem que – ao contrário dos muitos mercenários que aqui estiveram e também fazem parte da História do Brasil - lutou desinteressadamente por uma causa na qual acreditava e amou uma mulher que, imantada por ele, seguiu-o sem vacilar até o minuto final de sua existência.

* * *

III
Uma flor viçosa!

A década palaciana

Os primeiros anos do Segundo Reinado continuaram tumultuados e o arcabouço legislativo arquitetado pelos políticos do Regresso ainda estava sendo montado. A Cabanagem e a Sabinada haviam terminado em 1840, deixando um saldo de descontentamentos, penúria e desordem na administração das províncias rebeladas. Os balaios deporiam as armas em 1841 e os farrapos, somente em 1845, cinco anos depois de iniciado o governo de Pedro II.

Não parariam aí os últimos estertores revolucionários: em 1842 surge uma reação liberal em São Paulo e Minas Gerais, rapidamente debelada, cuja figura mais importante seria Diogo Antonio Feijó. Tanto mineiros quanto paulistas insurgiam-se contra as leis que reformaram os Códigos e anulavam – segundo eles – "a Constituição em suas bases essenciais". Finalmente a Praieira, em 1848, na província de Pernambuco, passou a ser vista como a derradeira contestação ao poder central.

Nesse período também, a inexperiência e a pouca idade do Imperador estimulavam os partidos políticos à contínua disputa por influência junto a ele. Tendo articulado o golpe da maioridade, os liberais compuseram o primeiro gabinete pós-regência, mas não duraria muito o seu domínio, pois no ano seguinte – 1841 – são desalojados pelos conservadores. Iniciava-se aí, a alternância no poder dos dois partidos, prática que caracterizaria a história política do Brasil no Segundo Reinado.

Essa alternância não ocorria sem articulações, conchavos, resistências, e muitas vezes, radicalização - tanto em nível central quanto provincial - daqueles que eram os afastados do momento. Contudo, as ações não decorriam de ideologias diametralmente opostas, ficando claro, com o correr do tempo, que não havia diferenças profundas entre liberais – ou luzias, como também eram chamados – e conservadores ou saquaremas.Concordavam ambos os partidos em aspectos relevantes, como o da manutenção da ordem monárquica e do regime servil, embora se visse que os liberais eram mais permeáveis à eliminação do trabalho escravo, defendiam maior autonomia para as províncias e também maiores liberdades individuais. Mas tudo isso, em tese: ao governarem tinham comportamento semelhante ao de seus opositores, o que provocou a fa-

Política e cultura no Império brasileiro

mosa frase de Holanda Cavalcanti, segundo quem, "nada mais igual a um saquarema do que um luzia no poder".

Em sua primeira década de governo, D. Pedro II ainda administrava sob as vistas, principalmente, da "facção áulica", um grupo palaciano e extra-partidário que rodeava o Imperador e cuja atuação não descartava a lisonja. Enquanto isso, adquiria ele as condições que o fariam exercer plenamente, e por si próprio, o poder de que dispunha.

Realmente, com as leis de Interpretação do Ato Adicional e a reforma do Código do Processo, a reação conservadora revigorara o sistema unitário e centralizador da Constituição de 1824, conferindo grande força ao governante. Podia fazer e desfazer ministérios, dissolver a Câmara dos Deputados, agir sobre o Judiciário, cujos membros, escolhidos por ele, não estavam a salvo de suspensões.

Embora não tivesse o temperamento autoritário do pai, Pedro II, no governo, usou de todas as prerrogativas constitucionais, dando margem, desde logo, a queixas que se acentuariam com o correr do tempo. Para muitos contemporâneos, ele abusava do poder pessoal, aniquilando com isso a independência dos demais poderes e transformando os homens públicos em "instrumento de fácil manejo".

A historiografia, entretanto, polemiza a questão. Para Emília Viotti da Costa, o poder pessoal do Imperador não foi tão grande como se quer fazer crer. Conforme a autora de *Da Monarquia à República: momentos decisivos*, os estudiosos "exageraram o papel da Coroa, atribuindo-lhe uma atuação muito maior do que ela poderia ter de fato, responsabilizando-o por todos os males, como se a vontade de um só homem pudesse explicar o processo histórico".

É verdade que a vontade de um só homem não explica o processo histórico mas ela pode influenciar bastante, sobretudo quando em conjunção com as transformações econômico-sociais em curso. E não se pode negar a importância da atuação de um Imperador cujo poder pairava acima dos partidos, enfeixando em suas mãos uma soma considerável de prerrogativas que ninguém mais tinha no mesmo grau. Por isso, no livro *Do Império à República*, da Coleção *História da Civilização Brasileira*, dirá Sérgio Buarque de Holanda, cuja erudição, familiaridade com as fontes empíricas e imenso conhecimento do período são tão conhecidas: - "por maior que seja a tentação de pretender reduzir a influência que, durante longos anos, exerceu um só homem sobre o curso de nossa história", força é confessar que D. Pedro teve imensos poderes e utilizou-os, "por menos que o desejasse, no sentido de moderar e até de esmagar as reformas necessárias à modernização do país. Funcionaram, de fato, como catalizadores da resistência a qualquer mudança na estrutura tradicional, quando as mudanças importavam mais do que uma estabilidade estéril e mentirosa. Queria ver suprimidos os abusos no sistema eleitoral, mas recuava ante a necessidade de uma decisão drástica. Empenhava-se pela extinção do trabalho escravo, mas achava que toda prudência era pouca nessa matéria. Gostaria que o Brasil tivesse em boa ordem as finanças e a moeda bem sólida, ainda quando esse desejo pudesse perturbar a promoção do progresso material, da educação popular, da imigração

Política e cultura no Império brasileiro

que também desejava. Ora, a meticulosa prudência deixa de ser virtude no momento em que passa a ser estorvo: lastro demais e pouca vela".

Vale dizer que, para o autor de *Raízes do Brasil*, o Imperador exerceu grande influência no processo histórico do período, tendo e utilizando – embora tentasse dissimulá-lo – o poder de retardar conquistas que poderiam antecipar ou mudar o curso da história brasileira.

Essas características são melhor vistas a partir de 1847, quando se encerra a fase palaciana e se cria em 20 de julho, a presidência do Conselho de Ministros. A medida rematava o sistema parlamentarista que então se implantava e passava agora a vigorar numa imitação mal copiada daquele vigente na Inglaterra. De acordo com ele, o Imperador escolhia o Presidente do Conselho – uma espécie de Primeiro Ministro – a quem, por sua vez, cabia escolher os membros do poder Executivo junto à Câmara dos Deputados, já que, por princípio assente, o Senado vitalício não entrava no ajuste. O ministério dependeria, tanto da confiança do Imperador, titular do Poder Moderador quanto da Câmara, mas caso esta divergisse daquele, caberia ao monarca, ouvido o Conselho de Estado, resolver a pendência. Se apoiasse o Ministério e optasse pela dissolução da Câmara, marcavam-se novas eleições.

Sérgio Buarque de Holanda define a distância entre o modelo britânico e o brasileiro, ao considerar este último uma "ficção parlamentar". E reforça a expressão: a subida ou queda de um ministério, dependia "só idealmente, entre nós, de uma eventual maioria na Câmara popular! De fato dependia só, em última análise de uma opção mais ou menos caprichosa da Coroa. Como as eleições só produziam no Brasil resultados que pudessem interessar aos elementos que Sua Majestade houvesse por bem conservar, a vontade do povo ficava reduzida em última instância à vontade do Imperador".

No quadro político da primeira década de seu governo, D. Pedro II teria ainda de enfrentar, como já foi mencionado, um último movimento contra o centralismo imperial: a Praieira.

Essa revolução liberal ocorrida em Pernambuco no ano de 1848, decorreu em boa parte da situação sócio-econômica da Província, cujas especificidades não anulam várias condições semelhantes às das outras áreas do Nordeste que se rebelaram durante o período regencial.

No campo, os senhores de engenho monopolizavam as terras férteis trabalhadas pelo braço escravo, deixando poucas oportunidades à população livre mais humilde. Em geral, conservadores dominavam a política local através de poucas famílias, como as dos Cavalcanti, dos Rego Barros, dos Souza Leão, um predomínio oligárquico que daria origem ao dito popular: –"quem não é Cavalcanti é cavalgado".

Na cidade, as atividades comerciais e manufatureiras estavam predominantemente em mãos de portugueses. Assim, também ali era acentuado o sentimento anti-lusitano, expresso em frequentes manifestações de rua, nas quais o povo, aos gritos de "mata-marinheiro" – expressão relacionada aos lusos – insurgia-se contra o monopólio do comércio e de empregos, exercido por eles.

Política e cultura no Império brasileiro

Desse modo, o descontentamento reinante gerava um ambiente propício a revoltas. Não se pode esquecer ainda que, no jogo político partidário da época, liberais radicais, descontentes com o mando oligárquico dos conservadores – ou guabirus, como eram conhecidos também – criaram o Partido da Praia, assim chamado porque se formara em torno do Diário Novo, um jornal liberal fundado em 1842 e situado à rua da Praia, no Recife. Entre os líderes mais proeminentes do grupo estavam o deputado e desembargador Joaquim Nunes Machado, assim como o republicano Borges da Fonseca.

O estopim da revolta seria a nomeação de um conservador – o mineiro Herculano Ferreira Pena – para substituir o liberal Chichorro da Gama, que governou a Província desde 1845 e do qual os praieiros recebiam amplo apoio. Contestando abertamente o governo central, o movimento iniciou-se em 7 de novembro de 1848 na cidade de Olinda e rapidamente se alastrou por toda a Província.

Que pretendiam os praieiros? No "Manifesto ao Mundo", elaborado por Borges da Fonseca e dado a público em 1º de janeiro de 1849, reivindicavam, entre outros pontos, o controle do comércio varejista pelos brasileiros, garantia de trabalho para todos, voto livre e universal; reforma do sistema judiciário; extinção do Poder Moderador. Tudo isso "em nome da segurança pessoal e da propriedade, da autonomia provincial e dos direitos da cidadania".

Um programa bastante radical, revolucionário mesmo. Com base nele e na situação pernambucana é que Amaro Quintas acentuou o sentido social do movimento, enquanto outros historiadores o interpretaram como uma rixa política entre liberais e conservadores pelo controle do poder. Mas para Isabel Marson, que em vários trabalhos estudou profundamente o movimento, qualquer interpretação será fragmentária, se não considerar o modo como a Praieira foi engendrada "por aquelas forças que reproduziam as relações de dominação do período colonial e ainda vigentes em Pernambuco no século XIX que agora sofriam mudanças muito particulares, em função do processo de redefinição do capitalismo no Brasil e no mundo".

Esse processo foi marcado por contradições e conflitos entre, por exemplo, os ingleses, senhores, como já dito anteriormente, de condições privilegiadas nos mercados do país e os exportadores e importadores, tanto brasileiros quanto portugueses, que se sentiam prejudicados com tais privilégios.

Também era patente o desacordo entre os grupos locais e regionais. As elites tiveram de se adaptar à nova ordem mundial, marcada pela crescente predominância do capital industrial sobre o comercial e, como diz um personagem do romance de Lampedusa, filmado por Lucchino Visconti, compelidas "a reformar para conservar". Essa adaptação gerava descontentamentos e discordâncias: – "o encaminhamento político que agradava aos proprietários mais consolidados, não atendia às necessidades dos mais recentes, que haviam enriquecido justamente com a quebra do pacto colonial". As fortunas mais novas de Pernambuco, dispunham, por exemplo, de restrita representação no Senado e queriam ampliar sua participação política na cena imperial.

Política e cultura no Império brasileiro

A julgar, portanto, pela interpretação de Isabel Marson, a luta em Pernambuco teve muito a ver com o jogo das elites em defesa de seus interesses ante as mudanças no quadro internacional. Pela intensa participação das mesmas, ficaria aquém do conteúdo social nela visto por Amaro Quintas e claramente presente, tanto na Cabanagem quanto na Balaiada.

O certo é que, não obstante o radicalismo de seu Manifesto, no qual era patente também a revolta contra a centralização que lhes tirava a autonomia administrativa e financeira, os praieiros descartaram qualquer posição mais extremada que incluísse separação ou mudança do regime. Gradativamente, "os objetivos liberais foram aferrando-se ao tom conservador, no esforço de preservar a unidade política, sinônimo da unidade do mercado e recursos em prol da ordem vigente".

De todo modo, o conflito armado durou pouco.Os revoltosos chegaram a atacar o Recife, mas não conseguiram ocupar a cidade. Nessa ocasião morreu Numes Machado e, pouco depois, Borges da Fonseca é preso, assim como Pedro Ivo, outro líder que teve atuação de destaque durante a fase armada. No final de 1849, os rebeldes já não ofereciam mais risco, apesar de terem sido anistiados somente em 1852. Terminava a Praieira e com ela as agitações internas do Segundo Reinado.

Ao se iniciarem os anos 50, o Império estava consolidado. D Pedro, mais amadurecido, afastara os palacianos, tomara definitivamente as rédeas do poder e sua figura crescia aos olhos dos contemporâneos. Crescia ainda a ideia, presente desde a Independência, mas por vezes esmaecida, de que, assegurando a ordem, o regime monárquico conseguira a unidade nacional, impedindo a fragmentação ocorrida na América Espanhola.

O ESPLENDOR DO IMPÉRIO

É consenso na historiografia que o período compreendido entre 1850 e1870 assinalou o auge do prestígio monárquico. Paz interna, crescente demanda do café no mercado internacional, capitais mais abundantes, possibilidade de iniciativas materiais – tudo levava a uma sensação de progresso e esperança que permeava todo o espectro social, sempre desejoso de melhores dias.

No plano político, essa esperança estimula o desejo de conciliação entre os partidos. A ideia não era nova, e já vinha sendo lembrada desde 1841, pois como diz Francisco Iglésias, é compreensível que, quem esteja no poder busque a unanimidade para evitar problemas e quem está fora dele, deseje a boa vontade e amparo dos que governam. Tal ideia só não seduz os políticos extremados, mas vinga entre os demais, cansados dos conflitos, uma vez que tanto liberais quanto conservadores não constituíam um bloco monolítico, sendo frequentes as dissenções internas. Os primeiros, provindos das lutas regenciais, do movimento de 1842 e da Praieira, não serão insensíveis a eventuais acordos que lhes sejam oferecidos. Além disso, um hiato nas lutas partidárias favoreceria a defesa mais eficiente dos negócios de todos, possibilidade que estimula a imposição de um novo rumo político.

Política e cultura no Império brasileiro

Desse modo, ganham corpo as articulações para a consecução desse objetivo, durante as quais invocava-se sempre o modelo de outras nações que teriam chegado a uma coalizão de partidos. Assim, em 6 de setembro de 1853, surge o Gabinete da Conciliação, guiado pela ideia de que os dois partidos – liberal e conservador – cedessem, mutuamente, parte de suas reivindicações em garantia de realização das demais.

Nesse famoso Gabinete, avulta a figura de seu presidente, Honório Hermeto Carneiro Leão, Marquês de Paraná. Natural de Minas Gerais, formado em Coimbra, entrou muito cedo na política, preocupando-se desde logo com a questão da unidade nacional. Por isso, combateu o Ato Adicional, temeroso – conforme lembra Aldo Janotti – de que a descentralização proposta, pudesse "refletir-se perigosamente na unidade do país". Por isso ainda, juntamente com Bernardo Pereira de Vasconcelos e outros, seria um dos expoentes da política do "Regresso" que pôs fim ao período regencial.

Ao assumir a presidência do Conselho, já exercera inúmeras funções legislativas e administrativas: fora deputado, senador, ministro da Justiça, presidente da província do Rio de Janeiro e, em tudo, revelara-se um dirigente nato. Euclides da Cunha, que o admirava imensamente, dirá, em *Á margem da História*, que sua atuação foi o ponto culminante do Império, demarcando duas épocas: a anterior e a posterior a ele. Joaquim Nabuco também traça um belo perfil de Paraná em *Um estadista do Império*, assinalando a decisão pronta, a intuição de estadista, que se mesclava a "uma tendência ao desdém, a um excesso de auto-confiança e a certa ausência de tato", porque nele, "a energia era superior à habilidade e sabia melhor destruir as resistências do que as desfazer".

O gabinete de Paraná, do qual fizeram parte, entre outros, os liberais Limpo de Abreu e Paranhos - futuro Barão de Rio Branco – assim como Nabuco, conservador de tradição, criou medidas de proteção à agricultura e à industria, buscou cuidar da instrução pública e ordenou a vida financeira. Contudo, entre as considerações de Francisco Iglésias a respeito do assunto, estão as de que, ao prometer "melhoramentos materiais e morais" a Conciliação apresentou apenas um programa vago, sem "nenhuma ideia nova ou profunda no campo da filosofia política". Nenhum avanço revolucionário, nem mesmo liberal, pois propostas como a alteração do Conselho de Estado, a supressão da vitaliciedade do Senado, a questão do poder Moderador – bandeiras dos liberais – nem chegaram a ser debatidas mais profundamente. Para o autor de *Trajetória Política do Brasil*, que aqui repete as observações de Oliveira Lima em *O Império brasileiro*, a conciliação foi um acordo de homens, não de princípios: um acordo da classe dirigente a fim de recompor forças e preparar-se para novos embates.

Realmente, a plenitude do consenso partidário não durou muito. Em 1856 Paraná morre prematuramente de uma febre perniciosa e, embora o impulso por ele dado à direção da política lhe sobrevivesse, a ideia de conciliação vai lentamente esmaecendo. Na década de 60, já são visíveis as discordâncias entre os dois partidos e também em cada um internamente. Liberais, sobretudo, tendem mais

Política e cultura no Império brasileiro

a cisões e como em um caleidoscópio, o cenário político-partidário muda continuamente: vêem-se conservadores que passam a liberais e estes, a conservadores, ensejando a sempre repetida afirmação de que pouca diferença havia entre os dois grandes partidos políticos do Império.

Os limites cronológicos da Conciliação, são, portanto, imprecisos. Certo é que ela termina definitivamente em 1868, com a queda do então presidente do Conselho, o liberal Zacarias de Góes e Vasconcelos, a ser detalhada mais à frente.

De todo modo, é favorável o balanço político da iniciativa de Paraná. Enquanto durou, a relativa paz entre os partidos facilitou o desempenho administrativo e em consequência, contribuiu para o impulso à concretização dos empreendimentos materiais que então ocorreram.

Entre 1850 e 1870, acelerou-se o processo de modernização do país, provocando a esperança e a sensação de progresso mencionadas páginas atrás.

A independência política não modificara os grandes traços que desde os tempos coloniais caracterizavam a economia brasileira, voltada para o mercado externo e dependente dele. Como produtor de matérias-primas e gêneros alimentícios, sujeitava-se o país às oscilações desse mercado, sofrendo crises quando os preços caiam e revigorando-se quando estavam em alta.

No século XIX, as dificuldades atravessadas pelos produtos agrícolas tradicionais – algodão, cana-de-açúcar, fumo – debilitariam grandemente a economia, não fora o café, cuja procura na Europa e nos Estados Unidos crescia continuamente e que encontrara no Brasil condições ideais para desenvolver-se.

O primeiro grande cenário da lavoura cafeeira foi o vale do rio Paraíba, que banha áreas de São Paulo, Minas Gerais e Rio de Janeiro. Em meados do século, a região tornara-se a mais rica e progressista do país, respondendo por quase metade do valor total das exportações brasileiras e gerando também a elite mais importante do período monárquico. Muitos fazendeiros de café ocuparam cargos políticos de alta relevância e, quando não, elegiam representantes que, no Parlamento, defendiam-lhes os interesses. Daí o ressentimento durante a Regência, das províncias do norte, nordeste e extremo-sul, que se sentiam alijadas do poder pelos políticos do centro-sul.

Em função desse quadro, a região será a maior beneficiária do processo de modernização. Para este, além da acumulação propiciada pelo café, muito contribuíram os capitais disponíveis com a extinção do tráfico negreiro, ocorrida em 1850, aos quais se somariam aqueles provindos da Inglaterra. As relações entre esse país e o Brasil, até alí estremecidas devido à pressão inglesa para extinguir a vinda de africanos, iam se normalizando.

A disponibilidade financeira ativaria os negócios. Em 1851, a fusão dos Bancos Mauá e Banco Comercial do Rio de Janeiro resulta na fundação de um novo Banco do Brasil, que começa a operar em 1853. A ele seria reservada a faculdade emissora antes permitida a vários estabelecimentos de crédito, o que desorganizava os negócios. Naquele mesmo ano de 1851, surgem 11 sociedades anônimas e, entre 1852 e 1859, mais 135 companhias re-

Política e cultura no Império brasileiro

cebem suas cartas-patente. As facilidades de crédito geram um clima propício à ânsia de enriquecimento rápido que, no dizer de Sérgio Buarque de Holanda, "contaminou logo todas as classes e foi uma das características notáveis desse período de prosperidade. O fato constituía singular novidade em terra, onde a ideia de propriedade ainda estava intimamente vinculada à da posse de bens mais concretos, ao mesmo tempo, menos impessoais do que um bilhete de banco ou uma ação de companhia". E permitiu o aparecimento de empreendedores urbanos desvinculados das atividades rurais, com uma nova mentalidade.

Foi o caso de Irineu Evangelista de Souza, Barão e depois Visconde de Mauá, grande figura da época, cuja larga visão levou-o a perceber os espaços existentes no desenvolvimento material do país e a tentar preenchê-los aproveitando o momento favorável. Transporte e comunicações eram ainda muito precários então, pois desde os tempos coloniais, pouco havia sido feito. Mauá construiu a primeira ferrovia do Brasil, ligando o Rio de Janeiro à região de Petrópolis. Fundou também a Companhia de Navegação à Vapor do Amazonas e a Companhia de Rebocadores á Vapor do Rio Grande do Sul. Destinaria ainda parte de seu capital a melhoramentos urbanos como abastecimento de água, transportes e a iluminação á gás do Rio de Janeiro, que ele prometia tão boa quanto a de Londres e Manchester. Seu dinamismo, mais uma vez, revelou-se em tentativas de natureza industrial como a Fundição e Estaleiros da Ponta da Areia, em Niterói.

Aliás, o período assistiu a diversas iniciativas nesse sentido, sendo uma das mais notáveis, a da indústria têxtil de algodão, que criou fábricas de tecido no Rio de Janeiro, em Minas Gerais e, sobretudo, na Bahia. As tentativas industrialistas surgidas durante o governo de D. João VI não haviam tido sequência, mas em meados do século, as condições eram mais animadoras: os tratados que favoreciam a entrada de produtos ingleses haviam expirado e, em 1846, o então ministro da Fazenda – Manuel Alves Branco – aumentou as taxas alfandegárias sobre artigos importados, com vistas a estimular a instalação de fábricas no país. Além disso, conforme mostra Nícia Vilela Luz em *A luta pela industrialização no Brasil*, o pensamento industrialista ganhava força e encontrava maior número de defensores.

No entanto, ainda assim, as iniciativas não foram adiante, vencendo a "vocação essencialmente agrária" do Brasil, defendida em especial pelos cafeicultores, dos quais, em última instância, dependia o equilíbrio econômico do país. A prática industrial configurou apenas um surto de curta duração, mas criou uma experiência que seria útil anos mais tarde, quando realmente, se inicia o processo de industrialização.

No final da década de 60, a paisagem material mudara, esfumando-se a feição colonial do país. As cidades cresciam, aumentou substancialmente o valor das exportações e importações, os transportes ampliaram-se, com a construção – desde 1855 – da linha férrea que iria ligar São Paulo ao Rio de Janeiro.

A modernização decorrente dos referidos empreendimentos influiria positivamente na sociedade, orgulhosa do "progresso" a que assistia e do qual era beneficiária. Refor-

Política e cultura no Império brasileiro

çaria também o prestígio da monarquia sob a qual ocorria o processo, atribuindo-se a ela os benefícios conseguidos.

Contudo, não por muito tempo mais. O desenvolvimento material continuou e, da década de 70 para a frente cresceu a velocidade da modernização, que, no entanto, caminharia sob outra conjuntura, na qual o consenso em torno do regime monárquico já se ia lentamente desfazendo.

MANIFESTAÇÕES CULTURAIS

O título acima envolve considerações multifacetadas e de grande amplitude, na medida em que a própria conceituação de cultura, embora variada e não consensual entre os estudiosos, sempre dirá respeito aos grupos humanos e às características que os unem ou diferenciam. Sempre dirá respeito, portanto, a uma dimensão do processo social de cada povo, sociedade ou agrupamento humano, variando no tempo e no espaço.

Se é assim, pode-se avaliar quão ampla será essa dimensão e, consequentemente, sua análise. Esta, no entanto, pode ser restringida por razões várias, pois na referida dimensão, cabe, entre outras, uma decorrência mais específica da realidade social, aquela que trata de crenças, valores, ideias, conhecimento, – um conjunto com expressão diferente nas diferentes classes sociais, mas capaz de revelar o nível por elas alcançado em determinada etapa histórica.

Mesmo assim, e levando em conta apenas alguns aspectos daquele conjunto, a referencia a eles também é vasta e não cabe nos limites destas páginas. Optou-se, então, por destacar no presente ítem, somente umas poucas manifestações culturais de natureza intelectual e artística das elites brasileiras ao longo do período imperial, passando ao largo também da cultura popular, a ser referenciada mais adiante.

Ainda uma vez, a opção feita exige uma síntese, que se apoiará em autores tais como Antonio Cândido de Melo e Souza, Curt Lange, João Cruz Costa, Américo Jacobina Lacombe, cujas considerações sobre o tema estão condensadas no terceiro volume do segundo tomo da coleção *História Geral da Civilização Brasileira.*

Advindas – como já se disse – de uma realidade social mutável ao longo do tempo, foi grande o contraste entre as manifestações culturais do período imperial e as da fase colonial. Nesta, não havia Imprensa, as comunicações eram precárias, a Colônia, ciosamente guardada de olhos estrangeiros. Predominava a atividade rural e o saber, praticamente monopolizado pelos religiosos, encerrava-se dentro dos muros dos conventos. Nos núcleos urbanos, poucos e pequenos, as possibilidades culturais eram, contudo, maiores, porque também maiores as facilidades de intercâmbio. Por isso – entre outras razões – houve manifestações artísticas e intelectuais de certa importância nas cidades mineiras do século XVIII, na Bahia, no Recife, no Rio de Janeiro.

A grande mudança, no entanto, viria com a transferência da Corte para o Brasil. Já se viu aqui que a necessidade de criar pontos de apoio para o funcionamento de instituições exigidas pela construção de um Império nos

Política e cultura no Império brasileiro

trópicos, levou D. João VI a empreendimentos e iniciativas de tal natureza, que mudariam a feição colonial do país, principalmente no Rio de Janeiro e em algumas outras cidades importantes.

A começar pela abertura dos portos, que atraiu inúmeros estrangeiros com o mais variado tipo de interesses: econômico, científico, religioso. Destacando o fato, diz Sérgio Buarque de Holanda que, "a não ser no Quinhentos e, até certo ponto, no Seiscentos nunca o nosso país parecera tão atraente aos geógrafos, aos naturalistas, aos economistas, aos simples viajantes, como naqueles anos que imediatamente se seguem à instalação da Corte portuguesa no Rio e à abertura dos portos ao comércio internacional". Suspendiam-se então as barreiras que antes levaram a Coroa a proibir a entrada em suas terras de "um certo Barão de Humboldt", por prejudicial aos interesses políticos do Reino.

Comerciantes como John Lucock, naturalistas como o francês Saint-Hilaire, soldados mercenários, chegavam continuamente ao Brasil. Muitos deles deixaram suas impressões sobre a terra, em livros que constituem a chamada "literatura dos viajantes", uma fonte preciosa para os historiadores, pois, além de conterem descrições de caminhos, rotas, acidentes naturais, propriedades agrícolas, cidades, tratam de usos e costumes da sociedade como um todo, incluindo os escravos e revelam ainda ao estudioso, os valores e os preconceitos dos europeus sobre outros povos.

Vários desses estrangeiros viriam por iniciativa da Coroa. Foi o caso da missão artística de 1816, contratada por D. João VI e composta de arquitetos, pintores, desenhistas, entre os quais Jean Baptiste Debret, Grand-Jean de Montigny, os irmãos Taunay. Esses artistas seriam fundamentais para fixar as imagens do país em uma época em que não havia fotografia.

A chegada de D. Leopoldina ampliaria o círculo. Antes mesmo de seu casamento já se pensava na Áustria em enviar uma expedição científica ao Brasil, mas a viagem da Princesa, muito interessada em ciências naturais, estimulou a vinda simultânea da missão de que fariam parte os cientistas Johann Natteree, Johann Pohl, G. R. Spix e Carl Martius, entre outros.

As expedições desses especialistas em flora, fauna, geologia, das quais resultariam coleções de plantas e animais que estão em museus europeus e brasileiros, praticamente redescobriram as riquezas da ex-colônia: hão de ser "homens de outra terras, emboabas de olho azul e língua travada, falando francês, inglês, principalmente alemão, os que se vão incumbir do novo descobrimento do Brasil". E se descobrem o país para si próprios, redescobrem-no para os brasileiros, ao destacarem aspectos e peculiaridades até então desconhecidas para estes, que vão se habituando a diferentes facetas culturais.

No mesmo ano da abertura dos portos, foi criada a Imprensa Régia, ponto de partida para o surgimento de livros e jornais. A fundação de bibliotecas e a abertura de livrarias ao longo do tempo, promoveram a divulgação do saber, até ali – como já se disse - extremamente restrito.

Cabe aqui um parênteses para assinalar a opinião de Oliveira Lima sobre o papel da imprensa durante o pe-

Política e cultura no Império brasileiro

ríodo imperial. Segundo o autor de *D. João VI no Brasil* e *O Império Brasileiro*, seria ela o grande veículo das ideias no Brasil, detentora de uma influência e poder sem similar em parte alguma. Contribuiu para fazer "a independência, como depois a abdicação, a abolição e por fim a República, mais do que qualquer outro fator. Serviu de válvula à maçonaria e porta-voz ao exército".

O ponto de vista é realmente extremado, mas sem dúvida os jornais agitaram bastante o ambiente político nos vários momentos de crise do país, contribuindo em grande parte para a formação da ainda rala opinião pública do período. Foram por vezes cruéis para com os governantes, tornando-se até moda, durante algum tempo, difamar D. Pedro I e escarnecer de D. João VI, por exemplo, mas, "a princípio pessoal e chocarreira a imprensa foi se depurando na agitação crescente das ideias e depressa passou a discutir princípios mais do que atacar reputações, numa forma geralmente cortês..."

Com D. Joaõ VI ainda, as atenções se voltam para o ensino superior, criando-se Academias destinadas aos quadros militares e dois cursos de cirurgia: um no Rio de Janeiro e outro na Bahia, todos da maior importância em terra desprovida de instituições dessa natureza.

A presença da Família Real e de seus milhares de acompanhantes alterou progressivamente a rotina dos diferentes grupos sociais. A vida mudou. Em livro recente intitulado *A corte no exílio*, Jurandir Malerba descreve os efeitos sociais e econômicos dessa presença, lembrando, por exemplo, que a predileção dos Bragança pela música e pelo teatro propiciou um constante afluxo de atores, músicos, cantores para o país.

O Rio de Janeiro foi o grande beneficiário das mudanças. Faltava aí uma casa de espetáculos adequada e, assim, em 1813, inaugura-se o Real Teatro de São João, modelado segundo os figurinos portugueses. Não obstante a opinião às vezes pouco lisonjeira dos estrangeiros sobre a pobreza das orquestras e a mediocridade de atores e cantores, o conhecimento e as emoções provocadas pelas exibições, certamente refinariam o espaço social onde circulavam as elites da época.

A Família Real trouxera consigo músicos e alguns instrumentos musicais, utilizando-os nas frequentes sessões que promovia na Capela Real, desfrutadas por toda a Corte. A Princesa Leopoldina traria na bagagem inúmeras obras de câmera, manuscritas, que D. Pedro, herdeiro do pai também no gosto pela música, executava, além de dedicar-se à composição, sendo dele, por exemplo, o Hino da Independência.

Para Curt Lange, estudioso do tema, as grandes figuras da época joanina seriam o padre José Maurício Nunes Garcia, que estreou suas composições na Capela Real em 1809, Marcos Portugal – professor da Família Real – o mestre de capela paulistano André da Silva Gomes e Sigismundo Neukonn, cuja vinda para o Brasil data de 1816. Executando composições próprias ou de outrem, estimularam o gosto pela música erudita nas elites da época, tão carentes de bagagem cultural, mas às quais já se podia oferecer, em 1820, a *Notícia Histórica da Vida e Obra* de

Política e cultura no Império brasileiro

José Haydn, publicada pela Imprensa Régia como o primeiro livro sobre tema musical no país.

Por tudo isso, em *Formação da Literatura Brasileira*, o professor Antonio Cândido de Melo e Souza chamará a fase joanina de "época das luzes": – "posta a cavaleiro entre um passado tacteante e o século novo, que se abriria triunfal com a Independência, viu o aparecimento dos primeiros públicos consumidores regulares de arte e literatura; a definição da posição social do intelectual; a aquisição por parte dele, de hábitos e características mentais que o marcariam quase até os nossos dias".

Parafraseando o autor, pode-se perguntar: – o que foi culturalmente o Brasil durante o período joanino? E a resposta talvez seja: mesquinho para o que veio a ser, representou significativo progresso em relação ao que era anteriormente.

A volta de D. Pedro I e de Sigismundo Neukonn para a Europa, a par das mortes de Marcos Portugal, André da Silva Gomes e do Padre José Maurício simbolizam o fim de uma era. A partir daí, ocorre um reagrupamento das forças musicais, alimentadas pela contínua chegada de músicos europeus ou de viajantes movidos pelos mais diversos interesses, mas que sempre traziam na bagagem uma novidade, fosse melódica ou passo de dança.

O cunho religioso da música na fase colonial, muito presente ainda no período joanino, foi sendo visivelmente dominado pelos temas de caráter profano, cuja execução cresce continuamente. A ópera italiana se faz presente, cantores e instrumentistas também italianos deixam-se ficar no país, seja por falência de suas companhias, seja por determinação própria. Criam-se corporações de bandas e já no final do Império, ou seja, em 1883, surge a Sociedade Beneficente Musical, que teve longa vida: até 1890, lutaria pela classe dos músicos, em gestação naquele momento, buscando prover-lhes as necessidades e apoiando-os em suas esperanças de sucesso.

Pequenas peças de música começaram a ser incluídas nos jornais da época e, depois, impressas separadamente, em oficinas litográficas sempre mais aperfeiçoadas, que as lançavam com primorosas capas e delicadas gravuras. Crescia a importação de pianos, cujo aprendizado passara a fazer parte da educação das elites e tinha lugar de destaque até mesmo em longínquas fazendas, onde as sinhazinhas de então exibiam seus dotes artísticos. Nos salões, as contradanças, quadrilhas, lanceiros e valsas logo ocupariam o lugar do minueto colonial.

Por volta de 1860 funcionavam na Corte algumas salas de exibição, que todas as noites mobilizavam orquestras encarregadas de acompanhar as óperas, operetas, representações dramáticas, levadas à cena e assistidas por plateias lotadas. O Rio de Janeiro tornou-se um centro procurado por muitos profissionais, inclusive companhias líricas estimuladas pela garantia de longas temporadas. O país chegou a abrigar atrizes do porte de uma Sarah Bernhardt,que se apresentou no Brasil na década de 80.

Em relação a esse quadro, que papel desempenhou Pedro II? No campo da música, certamente não foi um melômano como o avô e o pai, mas encarava o incentivo às atividades do setor como uma das obrigações do soberano culto. Por isso, comparecia regularmente com a família nos espetáculos teatrais e musicais, animando artistas talentosos como Carlos Gomes, por exemplo, talvez o compositor de maior renome do Império. D. Pedro concedeu-lhe uma bolsa de estudos que permitiu ao músico iniciar, na Itália, a carreira cujo êxito o consagrou na Europa e no Brasil.

No final do regime monárquico, o panorama musical modificara-se muito em relação ao do início do século. A música erudita difundira-se, novos gêneros e correntes musicais encontravam grande receptividade e o apoio material à arte concretizou-se em salas de espetáculos, na multiplicação de instrumentos musicais e de talentos que agora tinham melhor condição de expressar-se.

Não só a música sofreu mudanças, pois a área do conhecimento ampliou-se em outros setores também. Com D. Pedro I surge uma providência importante, como a da criação dos cursos jurídicos de São Paulo e Olinda, em Pernambuco, pelo decreto de 11 de agosto de 1827. Havia consenso sobre a necessidade de instalar escolas de Direito ao sul e ao norte do Rio de Janeiro, mas a escolha de São Paulo foi no mínimo curiosa e suscitou uma grande polêmica na Assembleia Constituinte de 1823. Os que se opunham a essa escolha, destacavam a inexpressividade econômica da Província, traduzida em pobreza material e indigência cultural, mas foram vencidos. Não conseguiram impedir a instalação da Academia, provavelmente devido ao prestígio da "geração da Independência", cuja liderança e combatividade podem ter falado mais alto a favor da Província.

Os cursos jurídicos foram importantes sob vários aspectos: além do saber especializado necessário à prática do Direito, propiciavam ainda a formação humanística da qual se encarregariam mais tarde, já no século XX, as Faculdades de Filosofia. Desse modo, habilitavam os bacharéis ao exercício de outras atividades como as letras e o jornalismo, por exemplo. Além disso, também desempenharam o papel de unificadores da cultura, ao tornar possível a convivência entre estudantes provindos das mais diversas regiões do país, que a elas retornavam com a marca da formação adquirida. A partir da segunda metade do século XIX principalmente, já consolidados, formariam grandes juristas e figuras destacadas, tanto na política quanto nos meios intelectuais, como foi o caso de Rui Barbosa, Rodrigues Alves, Joaquim Nabuco, entre tantos outros...

Esses cursos seriam também decisivos para a criação, na época, de um consistente arcabouço jurídico. Durante praticamente toda a primeira metade do período imperial, o país continuou a ser regido pelas Ordenações Filipinas e pela antiga legislação portuguesa. A elas se somariam a Constituição de 1824, o Ato Adicional, o Código Criminal e outros atos legislativos já aqui referidos e elaborados pelo Parlamento brasileiro. Era necessário, pois, reunir toda a legislação existente, escoimá-la das repetições e dos anacronismos e, por fim, unificá-la, o que foi feito por Augusto Teixeira de Freitas, cuja Consolidação das Leis Civis sairia em 1857, constituindo a primeira etapa da elaboração de um código civil que, no entanto, foi obra da República. O Império não conseguiu terminá-lo.

Política e cultura no Império brasileiro　　　　　　　*105*

Da cultura erudita em gestação, não estão ausentes os escritos e as ideias de pensadores brasileiros. São poucos e como diz João Cruz Costa, vários deles mostrar-se-ão, de preferência, glosadores do pensamento europeu. Segundo o autor de *História das Ideias no Brasil*, a par dos que fizeram a glosa "quase sempre imperfeita de algumas das correntes filosóficas do século XIX", estão os que se voltaram para a ação, "tentando com as ideias importadas justificar ou transformar a conduta social e política do país".

Não obstante a contundência da crítica, o mesmo autor lembra que essas ideias e doutrinas importadas, "aqui se deformaram ou conformaram às condições de um novo meio". Ampliando a observação, pode-se dizer com Sérgio Buarque de Holanda, que as formas de vida produzidas pela civilização e cultura europeias, "não se têm revelado apenas conservadoras de um legado tradicional nascido em clima estranho, mas até certo ponto criadoras. É aí que mister se faz procurar a nossa originalidade".

Entre os representantes do pensamento filosófico que se inicia no Brasil do século XIX, cabe destacar frei Francisco de Monte Alverne (1784/1858), famoso orador sacro filiado ao ecletismo. Como indica o nome, essa doutrina propunha uma conciliação de ideias num momento de crise das velhas correntes filosóficas e talvez por isso tenha sido "a filosofia que mais extensas e profundas raízes encontrou na alma brasileira".

O evolucionismo, o monismo, o positivismo fazem parte do bando de ideias novas que na década de 70 agitam as elites influenciadas pelo crescente prestígio das ciências naturais. No caso da última doutrina citada, seduziu um pequeno grupo de intelectuais formado por Miguel Lemos, Raimundo Teixeira Mendes e outros, criadores do Apostolado Positivista do Brasil Eram os chamados "positivistas ortodoxos", preocupados em apresentar o pensamento de Augusto Comte – elaborador da doutrina – em sua pureza original. Inflexíveis nas postulações, negavam-se ao proselitismo, proibiam seus seguidores de ocupar cargos públicos, lecionar ou escrever em jornais. Tudo isso porque acreditavam no cumprimento fatal das leis científicas do progresso da humanidade, que só seria verdadeiro se ocorresse sob a prevalência da ordem. Eram a favor da República, mas opunham-se a qualquer ação revolucionária.

Tais postulações não encontraram grande ressonância no país. Quem se interessou pelo positivismo, como Benjamin Constant Botelho de Magalhães, por exemplo, que era contra o regime monárquico e a favor da República, desviou-se do contismo ortodoxo, dele extraindo apenas os aspectos necessários à ação política, com vistas à transformação do sistema.

Seja de um modo ou de outro, todas essas ideias agitaram o ambiente intelectual da época, mas o correr do tempo mostrou que o Brasil tem tido poucos filósofos, peculiaridade a ser talvez explicada pela opinião de Euclides da Cunha sobre o espírito do brasileiro: pouco inclinado à rigidez doutrinária e à "algazarra das teorias".

No entanto, se não surgiu uma tradição filosófica mais consistente, outro aspecto da vida intelectual referente à cultura erudita vicejou no século XIX: o da literatura ou melhor dizendo, o das letras em geral. Relem-

Política e cultura no Império brasileiro

brando as considerações de Antônio Cândido, os primeiros anos pós-independência são contagiados pelo sentimento de que a mudança política deveria ser complementada por "uma floração da vida do espírito", na qual, naturalmente, estão incluídas as manifestações literárias. Nestas, o traço talvez mais saliente seja o de tentar mostrar a originalidade do jovem país e a sua diferença em relação aos cânones portugueses. Tanto mais brasileiros seriam os autores quanto mais utilizassem os elementos locais como matéria de criação. Ora, sendo pobre o meio intelectual e imprecisos os moldes estéticos, o critério de valor recairia principalmente sobre o nacionalismo.

A partir de 1834, surge um novo período: - "a literatura apareceria transformada, marcada por um ritmo muito mais vivo, adequado às transformações da sensibilidade e da sociedade". Em parte, essas transformações, devem-se à ação, em Paris, de jovens brasileiros que entram em contato com o romantismo, tanto doutrinário quanto prático, reconhecendo nele uma forma de expressão mais ajustada às necessidades de um país americano. Domingos José Gonçalves (1811-1882), estaria à frente de tais ideias, publicando em 1836 os *Suspiros Poéticos e Saudades*, considerada a primeira obra do nosso Romantismo.

A linha mais consentânea com o que se supôs ser a nota própria do romantismo brasileiro foi o indianismo, desde logo o assunto predileto, "multiplicando-se de tal modo os poemas, romances e dramas indianistas, que a moda chegou a pegar em Portugal". No dizer de muitos, seria a poesia nacional por excelência, aquela que nos diferenciava dos antepassados lusos, idealizando um outro –

o índio - transformado em símbolo da pátria. Ainda uma vez é Antonio Cândido quem diz: - "a importância e a influência do indianismo foram historicamente inestimáveis como instrumento de aquisição da consciência nacional num povo que acabara de chegar à vida independente". Uma espécie "de sinal de identificação para todos os brasileiros que projetaram na raça indígena o seu passado, a sua mestiçagem, a grandiloquência dos seus sonhos. E de moda literária, tornou-se fator de unidade".

Com Antonio Gonçalves Dias e "com ele apenas" a poesia indianista alcança um nível realmente superior, manifestado plenamente nos *Últimos cantos*, publicação de 1851.

Contudo, o autor que "representa ao mesmo tempo o ápice e o termo da melhor poesia romântica" será Antônio de Castro Alves, com seus belos e famosos poemas sobre o sofrimento e a humanidade do escravo, tais como "Navio Negreiro" e "Vozes d' África".

A par do romantismo indianista, não se pode esquecer o regionalismo, cuja contribuição foi importante para a descoberta de paisagens e costumes das diferentes áreas do Brasil. Enquanto o indianismo teve forte sentido integrador, o regionalismo acentuou as peculiaridades locais, "fomentando certo provincianismo literário". Tão necessário, no entanto, que ainda hoje se mantém vivo, sob múltiplas transformações. Na produção regionalista do período, contudo, muito poucos sobressaem: entre eles, Alfredo d' Escragnolle Taunay (1843-1899) que em 1872 publicaria *Inocência*, romance de "graça campestre crestado pelo sentimento da fatalidade".

Política e cultura no Império brasileiro

As mudanças e novidades literárias no Império não parariam aí, pois, por volta da década de 60, o indígena desaparece como personagem ficcional ou tema político, substituído que é pelo negro, pelo escravo e pelo mestiço. Extinguira-se o tráfico africano, caminhava-se para o abolicionismo, por isso, a escravidão e seus corolários encheriam as páginas dos jornais. E seriam também o tema dos romances, dos poemas, dos debates políticos, das peças teatrais.

A influência do romantismo, no entanto, foi longa, só diminuindo mais visivelmente depois de 1880, quando surgem o naturalismo na prosa e o parnasianismo na poesia. Essa corrente literária expressa uma "forma de realismo em que os sentimentos e condutas dos personagens são relacionados com os fatores do meio, da herança, dos instintos que os condicionam segundo um determinismo mais ou menos rígido". Seu autor mais representativo seria Aluísio de Azevedo (1857/1913) que, entre outros livros, escreveu *O cortiço*, embora Raul Pompeia, com *O Ateneu* e Júlio Ribeiro com *A carne*, também sejam figuras expressivas do movimento.

Entretanto, o maior literato da época é, sem dúvida, Joaquim Maria Machado de Assis (1839/1908). Ultrapassando o período do Império, foi poeta, comediógrafo, cronista, crítico, mas o ficcionista é que alcançou uma altura excepcional através de romances como *Memórias Póstumas de Brás Cubas* (1880), *Quincas Borba* (1891), *Dom Casmurro* (1899).

Pode-se perceber através desta quase enumeração, que a análise e comentários em maior profundidade das áreas de conhecimento aqui destacadas, exigiriam um espaço que o limite das presentes páginas não permite preencher. E mais: as manifestações culturais da época imperial, relativas ao que se convencionou chamar de "cultura das elites", vão muito além. Não foram, pois, contempladas outras expressões, sobretudo artísticas, como por exemplo, a escultura, a arquitetura, que também se desenvolveram e tiveram seus seguidores, além da historiografia, marcada pela criação da *Revista do Instituto Histórico e Geográfico Brasileiro* e dos escritos de Francisco Adolfo de Varnhagen – Visconde de Porto Seguro – o grande historiador daquele momento, que, em suas pesquisas, trouxe à luz, pioneiramente, documentação até ali desconhecida.

Contudo, o que foi exposto permite certamente avaliar o quanto se ampliou, no período, o acervo cultural do país, tanto nas várias dimensões referidas quanto no alcance de diferentes segmentos sociais que, vivendo por vezes em regiões longínquas, tinham os livros, a música, a Imprensa, como agentes unificadores.

* * *

IV
UMA FLOR QUE MORRE!

DECLÍNIO DO IMPÉRIO: A DESARTICULAÇÃO DO ESCRAVISMO

A partir dos anos 70 o Império perde o seu esplendor, desfazendo-se lentamente o consenso sobre o regime monárquico e a pessoa do Imperador. Vários fatores e circunstâncias levaram a tanto, provocando debates, agitando o cenário político e a opinião pública, desgastando a Monarquia em grau crescente até a sua queda.

Nesse sentido, uma das questões mais importantes do período será a da extinção do cativeiro. A presença do escravo negro foi constante em todas as áreas e setores de atividades, de norte a sul do país, tanto nas propriedades rurais quanto nos núcleos urbanos, por toda parte, enfim. Além disso, era símbolo de "status "social, indicando a riqueza e o poderio do dono. Não é de estranhar, portanto, que durasse quase cem anos a luta para extinguir a escravidão.

Até aproximadamente o final do século XVIII, ninguém a contestava, pois os interesses nela envolvidos eram poderosos, mas, com o advento da Revolução Industrial tudo mudou. Ocorrendo primeiramente na Inglaterra, da segunda metade do século XVIII para frente, os grupos economicamente ligados ao capitalismo industrial desinteressaram-se da instituição, que lhes parecia um entrave à expansão dos mercados e à modernização dos métodos de produção, passando a combatê-la. Por isso, aquele país, que praticamente monopolizara o tráfico africano, dele extraindo grandes lucros, torna-se o paladino da luta contra o mesmo, entendendo que sua extinção seria o primeiro grande passo para a abolição total do cativeiro. Era uma nação poderosa na ocasião e usará a tática de pressionar os países que praticavam aquele comércio.

Ora, o Brasil, com sua economia fundamentada em agricultura de larga escala, seria um dos mais importantes nesse caso, possuindo milhares de escravos e repondo--os continuamente, através do intercâmbio com a África. Para ele, portanto, voltam-se, logo as atenções dos ingleses que, em 1810, a par dos vantajosos acordos comerciais já aqui referidos, assinam um Tratado de Aliança e Amizade, pelo qual o Príncipe-regente D. João obrigava-se a proibir o tráfico em qualquer outra parte da África que não estivesse sob o domínio de Portugal..

Política e cultura no Império brasileiro

Era o início da pressão do país talvez mais forte do mundo naquele momento, sobre outro muito mais fraco, mas cujos interesses fizeram-no resistir tenazmente durante várias décadas às investidas britânicas. Estas, afinal, culminaram com o Bill Aberdeen., um ato unilateral e arbitrário surgido em 1845, que tornava lícito o apresamento de embarcações negreiras e conferia à Inglaterra poder de jurisdição sobre as mesmas. Vale dizer que seus tribunais reteriam e julgariam os responsáveis por navios de qualquer bandeira que fossem apanhados transportando negros.

A medida afrontava a soberania das nações e causou grande indignação no Brasil, mas venceu a lei do mais forte, aliada ao realismo de políticos que diziam preferir a extinção por vontade própria a serem inexoravelmente coagidos. Além disso, a essa altura, a perseguição aos navios negreiros causava grandes perturbações no comércio e encarecia o escravo, esboçando-se então uma divisão de interesses entre os traficantes e os senhores de terra. Estes, cuja dependência dos primeiros aumentava com o encarecimento do negro, começam a ver a possibilidade de valorizar o capital investido em escravos, caso viesse a extinção.

Essas contradições reforçavam a perda de base moral do sistema e facilitaram a aprovação em 4 de setembro de 1850 da Lei Euzébio de Queiroz, nome do ministro mais empenhado em aprová-la, a qual, graças a disposições grandemente eficazes nela contidas, conseguiu extinguir definitivamente o tráfico africano para o país.

Naquele momento, conforme os dados de Robert Conrad no livro *Tumbeiros*, haveria ainda no Brasil cerca de dois milhões e meio de escravos, mas sabiam todos que a medida fora o primeiro grande passo para o término da escravidão. Sem uma contínua reposição, a população cativa tendia ao desaparecimento.

Embora se adiasse a solução do problema, ela já se ia desenhando. À semelhança do que ocorrera anteriormente entre traficantes e senhores de escravos, uma nova contradição de interesses surgia agora, muito bem assinalada pelo mesmo Robert Conrad em *Os últimos anos da escravatura no Brasil*. Dessa vez, entre as regiões, pois a lavoura cafeeira, concentrada nas províncias de São Paulo, Minas Gerais e Rio de Janeiro, crescia de ano para ano e necessitava continuamente de braços. Já as do nordeste, viviam em constantes dificuldades, devido à concorrência que seus produtos tradicionais – cana-de-açúcar, fumo, algodão – sofriam no plano externo.

Desse modo, essas áreas passaram a transferir seus escravos para aquelas mais prósperas, em um ajustamento interno que constituiu importante fator de mudança. Perdendo milhares de cativos e obrigando-se à utilização do trabalho livre sob as mais diversas formas de pagamento, as elites agrárias das regiões em crise teriam ali menos razões para defender o cativeiro, ao passo que as mais prósperas lutariam ferozmente pela sua manutenção. Esboçava-se aí a contradição mencionada, que contribuiria para enfraquecer o regime escravista..

Por outro lado, a modernização iniciada nos anos 50, acelerada de 1870 em diante, será significativa para a libertação dos escravos: a construção de estradas de ferro, a maior difusão dos vários meios de comunicação, o crescimento das cidades, com população mais concentrada que na zona rural, favoreciam a veiculação de ideias, estimulando o debate e a formação da opinião pública. Não é por acaso que o abolicionismo surge por volta de 1870 como um movimento essencialmente urbano, pregando a extinção total da escravidão.

Ligada de forma quase umbilical à cultura europeia, parte das elites brasileiras entusiasmava-se com as ideias difundidas no Velho Continente em favor dos cativos. Sob influência da Ilustração, invocavam elas o direito natural, segundo o qual, os homens haviam nascido livres e iguais, por isso, renunciar à liberdade era renunciar à condição humana. Também consideravam o trabalho escravo profundamente ineficiente do ponto de vista econômico, desestimulando a iniciativa individual e o interesse em progredir.

A essas ideias e outras mais que embasarão o pensamento anti-escravista, em contraponto ao dos escravocratas, analisados ambos por David Brion Davis em *O problema da escravidão na cultura ocidental*, farão coro os brasileiros que assim também pensavam.

Teriam uma razão a mais para acrescentar a seus argumentos: a abolição da escravidão nos Estados Unidos, em 1865, o que colocava o Brasil, juntamente com Cuba e Porto Rico, como os únicos países a manterem a instituição.

Nesse quadro, o término da guerra do Paraguai, em 1870, tornara evidentes as debilidades estruturais do país: a existência de escravos dificultava o recrutamento de tropas e, buscando evitar que os filhos fossem à luta, muitos senhores libertariam seus negros para mandá-los ao campo de batalha: a convivência com eles e sua participação na luta alterariam, ainda que sutilmente, a opinião dos companheiros de armas sobre o cativeiro.

Tais circunstâncias reavivam a discussão sobre o regime servil e, assim,:em 12 de maio de 1871 surge o projeto que resultaria na Lei do Ventre Livre, promulgada em 28 de setembro do mesmo ano, libertando os filhos de escravas nascidos a partir de então.

Os debates travados no Parlamento sobre a questão transbordaram para as ruas, provocando grande agitação e enorme interesse popular. Além disso, também revelaram mais concretamente a já mencionada contradição entre as províncias: na votação final da Câmara, por exemplo, 61 deputados foram a favor do projeto e 35 contrários. Destes últimos, 26 representavam as regiões cafeeiras, aquelas mais ferozmente apegadas à escravidão.

Com a vigência da lei, abolicionistas de relevo como José do Patrocínio e Joaquim Nabuco, por exemplo, acreditavam estar próximo, agora, o fim do cativeiro.

Estava, mas nem tanto, pois somente na década de 80 será extinto. A população cativa diminuía sensivelmente devido à desproporção entre homens e mulheres, à alta taxa de mortalidade, aos maus tratos que impediam um índice de reprodução satisfatório: segundo os dados

Política e cultura no Império brasileiro

de Robert Conrad, os dois milhões e meio de escravos existentes em 1850, reduziam-se a 723.419 em 1887.

No nordeste, a seca de 1878 prejudicara a produção, obrigando os proprietários a venderem os seus já raros cativos e aumentando o desinteresse das províncias pela instituição. Não é de estranhar, portanto, que em março de 1884, o Ceará, unilateralmente, declarasse extinto o cativeiro em seu território, a ele seguindo-se o Amazonas.

Ante tal medida, mesmo com os fazendeiros em pânico, o governo sente que não pode mais adiar a questão. Contudo, contemporiza, apresentando projeto de lei que libertava os cativos com sessenta anos ou mais. Ainda assim, as províncias cafeeiras opõem-se tenazmente ao mesmo, mas não conseguem impedir-lhe a aprovação em 28 de setembro de 1885 com o nome de Lei dos Sexagenários ou Lei Saraiva-Cotegipe, em lembrança dos presidentes de Conselho sob cuja administração foi discutida e promulgada.

Nesse momento, o sistema estava irremediavelmente comprometido: municípios inteiros, em rápida sucessão, libertavam seus negros que, nunca tendo se conformado à escravidão, fugiam em massa das propriedades rurais, desorganizando o trabalho agrícola e abalando as bases econômicas da instituição.

O quadro era de deterioração e os mais prudentes compreendiam ser inútil a resistência. Desse modo, quando a Lei Áurea é proposta pelo gabinete conservador de João Alfredo Corrêa de Oliveira, apenas 9 entre 92 deputados votaram contra a mesma e no Senado, menor número ainda. Promulgada em 13 de maio de 1888, finalmente extinguia a escravidão no Brasil, pondo fim à longa luta de quase um século e provocando um último abalo no regime monárquico, já em seus estertores finais.

DECLÍNIO DO IMPÉRIO: A DERROCADA POLÍTICA.

Uma visão simplificadora dos fatos poderia apontar o processo de extinção do cativeiro como razão decisiva para a queda da monarquia. No entanto, já se disse em outras páginas, que várias províncias e até grupos de proprietários dentro de uma mesma província, embora por motivos diferentes, vinham deixando de vincular seus interesses exclusivamente à manutenção dos escravos. Como dirá Sérgio Buarque de Holanda ao tratar dos últimos anos do Império "é fora de dúvida que a abolição impeliu numerosos fazendeiros (...) a pelo menos se desinteressarem da sorte do regime. Mas isso era especialmente verdadeiro nas áreas de lavoura velha e que, mesmo sem a lei Áurea, estariam condenadas, porque suas terras se achavam exaustas..."

Na verdade, já vinha de longe o descontentamento com a monarquia e vários outros fatores intervieram no processo que a extinguiu. Um primeiro golpe foi a ascensão do gabinete conservador de 16 de julho de 1868, em substituição ao do ex-conservador e então liberal progressista Zacarias de Góes e Vasconcelos, que presidiu o Conselho de Ministros a partir de 1864.

O Brasil estava em guerra com o Paraguai desde 1865 e Caxias, conservador, fora indicado pelo Gabinete para comandar as operações militares, descontentando

Política e cultura no Império brasileiro

muitos membros do Partido Liberal. A Imprensa também o acusava de errar na condução da luta e ele se queixava de que não o defendiam.

Tentando resolver o problema, Zacarias se dispôs a mantê-lo e a demitir o ministério, mas o Conselho de Estado, consultado, retardou sua resposta, deixando o Presidente do Conselho em situação difícil. D.Pedro II agravou--a ainda mais ao escolher para a senatoria o conservador Salles Torres Homem, inimigo notório de Zacarias que, com razão, interpretou o ato como um acinte e um convite à demissão, solicitando-a imediatamente.

Ora, pela natureza do sistema parlamentar, o novo nome a ser escolhido deveria sair das fileiras do Partido Liberal que dispunha de maioria entre os deputados, mas o Imperador preferiu um conservador, o Visconde de Itaboraí e dissolveu a Câmara.

Chamar os conservadores já era muito, mas escolher o mais conservador entre eles, segundo opinião geral, seria considerado um abuso pelos liberais. Conforme Francisco Iglésias, foi "o golpe mais enérgico e menos hábil do Imperador", tendo razão Nabuco de Araújo ao dizer que a Coroa perdia credibilidade com a decisão, sendo esta, portanto, uma fatalidade para as instituições monárquicas.

A fim de entender melhor a questão é preciso lembrar quão danosa era a rotatividade dos governos: quando um partido subia ao poder, as mudanças ocorriam em todos os níveis, iniciando-se imediatamente o cortejo de demissões e remoções em massa dos empregados públicos, o que nega a estabilidade administrativa tão apregoada como uma das grandes virtudes do Império.. De estável mesmo, só o Imperador, "cuja ingerência ativa no governo ia ser cada vez mais contestada".

É explicável, portanto, o descontentamento dos liberais em 1868, ano em que a conciliação dos partidos iniciada em 1853 já se havia desfeito inteiramente.

Na Câmara, tornara-se clara uma divisão de forças que punha em risco a solidez de qualquer composição ministerial. Ante a ascensão do gabinete Itaboraí, os liberais fundam no Rio de Janeiro o Centro Liberal, pouco depois o Clube da Reforma e ainda o Clube Radical. Este último tinha propostas avançadas como o voto direto, a abolição da escravidão, extinção da Guarda Nacional, às quais se somavam as antigas reivindicações liberais de extinção do Poder Moderador, do Conselho de Estado e da vitaliciedade do Senado.

A reação, portanto, se extremava. Em 13 de dezembro de 1870, um grupo egresso do Clube Radical lança o Manifesto Republicano que, com 57 assinaturas encabeçadas por Joaquim Saldanha Marinho e outros políticos de relevo, pregava abertamente a mudança do regime.

A ideia republicana não era nova, como já se disse páginas atrás, acalentada que foi desde os tempos coloniais, mas, o êxito da centralização política, a paz interna, o respeito por D.Pedro II, a prosperidade econômica do Império propiciada pelo café relegaram aquela ideia à hibernação. Voltaria agora, assinalando o desgaste que a Monarquia começava a sofrer e que cresceria continuamente, até resultar na sua extinção.

Política e cultura no Império brasileiro

Outras questões, relevantes ou não, contribuíram para tanto. Entre elas, a sucessão de D. Pedro, cuja herdeira, a Princesa Isabel, era casada com o Conde d'Eu., um francês. Temiam os políticos que fosse influenciada por ele quando chegasse o Terceiro Reinado.

Surgiu ainda o que se convencionou chamar de "questão religiosa": um choque entre a Igreja e o Estado, decorrente da atuação de dois bispos que se insurgiram contra a presença de padres católicos em lojas maçônicas. Não teria, entretanto, senão restrita influência na crise do sistema, mas, tais fatos, associados a outros, como as chamadas "questões militares", não deixariam de agitar o ambiente da época. Ocorrendo na década de 80, envolveram desavenças entre militares e políticos, compreendendo, sobretudo, o direito ou não dos primeiros discutirem pela imprensa assuntos relativos à corporação e à política. Os acalorados debates surgidos então, põem em relevo um dos efeitos da guerra do Paraguai: o de mudar a posição do Exército dentro da sociedade brasileira.

Ao contrário da Marinha, as forças de terra foram mal amadas pela monarquia, na qual, de certo modo, ocupavam posição de segunda ordem. O militar de terra abraçara uma profissão que "não conduzia nem às honras, nem ao poder", como assinalou o francês Max Leclerc, em visita ao Brasil de então. O baixo prestígio da organização militar contrastava vivamente com o fortalecimento do poder civil, atraindo o ressentimento da corporação.

A guerra do Paraguai, de significado e importância ainda não devidamente dimensionados pela historiografia, mudou o quadro. Acentua as mágoas e, em paralelo, estimula a formação da auto-consciência e auto-estima militares, pois o sentimento de glória por terem ganho a luta aprofundou o orgulho de classe, traçando uma nítida linha divisória entre eles e os civis. O Exército encontrara razões concretas para uma valorização que se traduzirá crescentemente em atitudes de altaneria, susceptibilidade e até mesmo arrogância.

Na aquisição dessas atitudes, incluir-se-á a de quererem participar da vida política, estimulando a adesão de muitos à ideia republicana, influenciados também pelos ensinamentos ministrados em escolas do Exército. Na da Praia Vermelha, por exemplo, o tenente-coronel Benjamin Constant, já aqui referido, pregava a filosofia de Comte. Não a ortodoxa e sim aquela, como também já foi dito no capítulo anterior, segundo a qual, cabia extrair do positivismo apenas os aspectos que instrumentassem a ação prática. Se Comte propunha uma república ditatorial livremente consentida e chegar a ela exigia tempo, era necessário prepará-la através da que fosse calcada na repressão. Portanto, o que prevaleceu na heterodoxia positivista foi a noção tradicional de ditadura.

Ideias como essas, que contaminavam, sobretudo, a jovem oficialidade, não eram encampadas pela cúpula do Exército, mas também ela desgostava-se, não propriamente com o regime monárquico e sim com os políticos civis que o representavam e ignoravam as reivindicações da corporação.

Política e cultura no Império brasileiro

A par de tais circunstâncias, a centralização cujo fortalecimento a partir dos anos 40 dera prestígio ao Império, agora, tal como no período regencial, era acusada de asfixiar o país. As reclamações mais contundentes partiam, naquele momento, das áreas cafeeiras, valendo dizer, São Paulo. Desde o início dos anos 70 a produtividade do Vale do Paraíba vinha declinando, mas os proprietários das férteis terras roxas do "oeste" paulista prosperavam e enriqueciam. Seu peso político, no entanto, estava longe de corresponder ao da importância econômica, dando-se então o inverso do que ocorrera na época da Independência, quando a Província, pobre e desprovida de meios, tivera papel relevante no cenário nacional. Daí sucederem-se as queixas. No Legislativo paulista, por exemplo, os mais radicais chegavam a falar em separação e boa parte deles começou a encarar a República como uma solução. Não é de admirar, portanto, a importância que, desde cedo, o republicanismo assume na Província, onde o Partido Republicano Paulista - ou PRP – defende claramente o desmantelamento do arcabouço monárquico.

Essa defesa não convenceu a todos de imediato, mas sua difusão seria inexorável, pois, com a aceleração das transformações econômico-sociais a partir da década de 70, a realidade impunha medidas rápidas que a lentidão da máquina governamental, extremamente centralizada, não conseguia concretizar. Por isso, dirá Sérgio Buarque de Holanda, que a queda do Império foi apressada pela "incapacidade de acompanhar com a necessária presteza as tendências renovadoras da estrutura tradicional do regime..."

Os dirigentes nada ousavam. Debilitavam-se as bases das oligarquias detentoras do poder, os abolicionistas clamavam por medidas oficiais a favor dos escravos; a Igreja agastava-se com o trono; os militares irritavam-se com o poder civil; as províncias queixavam-se da falta de autonomia e boa parte dos políticos atribuía ao poder pessoal do Imperador a culpa por todos os males...

Em 1887 a monarquia agonizava. Qualquer circunstância contribuía para enfraquecê-la, e assim, quando o Imperador vai à Europa para tratar da saúde, ressurgem os temores quanto ao problema da sucessão. Além disso, a abolição abala os escravocratas empedernidos que, culpando a monarquia por seus prejuízos, passam à oposição. Nas palavras irônicas de José do Patrocínio, seriam "os republicanos do 14 de maio".

Os que desejavam a mudança do regime buscavam aproveitar-se do seu crescente desprestígio para efetivá-la, mas sabiam não ter força para tanto e logo compreenderam que só o Exército poderia fazê-lo.

Desse modo, tentam uma difícil articulação com os militares, procurando persuadi-los com argumentos que podiam convencer os jovens contaminados pelo positivismo, mas não a alta oficialidade. Esta, mesmo desejando assegurar e aumentar o espaço a que julgava ter direito, mantinha-se fiel às instituições monárquicas e ao Imperador.

Era o caso de Deodoro da Fonseca, herói da guerra do Paraguai, respeitado, admirado, talvez na ocasião a figura de maior prestígio entre os subordinados. Embora se indignasse com os governantes que, nas chamadas "ques-

Política e cultura no Império brasileiro 125

tões militares", puniram os envolvidos sem procurar ouvir-lhes os argumentos, era declaradamente monarquista. Até poucos dias antes de instaurar-se a República dizia não querer mudanças, pelo menos até o momento de precisar acompanhar o caixão do Imperador.

A despeito dessas afirmações, para os republicanos, só ele, dada a sua influência, poderia liderar o movimento e, portanto, conseguir-lhe o apoio era tarefa vital. Explorando as mágoas do Marechal e aproveitando-se da notória inimizade entre ele e o Visconde de Ouro Preto, presidente do que seria o último gabinete da Monarquia, convencem-no a depô-lo. Ao rumar para o campo de Santana em 15 de novembro de 1889 era essa a sua intenção, mas os fatos se precipitam, a República é proclamada e o Imperador, deposto. Caía assim o regime monárquico, após 77 anos de existência e a América tornava-se, toda ela, republicana.

Os fatos mostram que, à primeira vista, a queda do Império poderia ser interpretada como resultante de uma parada militar, como um golpe de Estado, pois, afinal, a participação popular foi nenhuma e o 15 de novembro recebido com surpresa, embora sem revolta. Mas, na verdade, de acordo com o que se viu, decorreu de um longo processo, durante o qual, curiosamente, o período de esplendor do regime – 1850 a 1870 – já trazia em seu bojo os germes da destruição. O término do tráfico externo, mudando a relação entre as províncias; a modernização subsequente, ampliando a urbanização e a mais rápida difusão de ideias; a guerra do Paraguai com seus significativos efeitos sobre as forças de terra; o abolicionismo;

a pujança econômica de São Paulo em contraste com sua pequena representatividade política que o imobilismo das instituições vigentes teimava em não reconhecer são fatores de monta. E mais: a centralização imutável, o apego às velhas fórmulas vistas já como anacronismos, a insistência de D. Pedro II, apesar das críticas, em utilizar frequentemente o poder pessoal – tudo isso foi minando o Império, que assim chega, fatalmente, ao 15 de novembro.

* * *

UMA MUSICISTA NA POLÍTICA. POR QUÊ?

Em 17 de outubro de 1847 nascia no Rio de Janeiro, Francisca Edwiges Neves Gonzaga que, mais conhecida como Chiquinha Gonzaga, teria um papel na cultura popular brasileira ainda não devidamente avaliado pelos estudiosos. Esquecida durante longo tempo, há poucos anos começou a sair desse ostracismo através de algumas biografias, entre as quais, a mais relevante talvez seja a de Edinha Diniz, cujas pesquisas servirão de apoio às considerações que se seguem.

A historia da musicista corre fora dos padrões da época desde o nascimento: filha de uma humilde mestiça e de José Basílio Neves Gonzaga, oficial branco, de família fidalga aparentada com Caxias, foi desde logo reconhecida pelo pai, que a educou com esmero, obedecendo às regras impostas pela sociedade escravocrata. Assim, a menina aprendeu a ler, escrever, fazer contas e, naturalmente, a

Política e cultura no Império brasileiro

tocar piano, já que esse instrumento começava a tomar lugar de destaque nas casas de famílias da elite.

Desde cedo revelaria talento e gosto pela música, a par de um "temperamento firme, personalidade decidida e espírito inquieto". Contudo, seguiria os costumes vigentes, casando-se aos 16 anos com Jacinto Ribeiro do Amaral, filho de comendador, que, em boa situação econômico-financeira, proporcionou-lhe um lar requintado como o das demais sinhazinhas da época.

Mas Chiquinha não se satisfaria com aquele universo feminino preenchido por doces, bordados e cafuné. Exigia mais, não lhe bastando o primeiro filho – João Gualberto - nem o piano para extravasar o temperamento irrequieto. Em breve tempo desaveio-se com o marido, que, para tentar salvar o casamento, arrasta-a a uma curiosa aventura.

A guerra do Paraguai estava em curso e o Governo Imperial, carente de embarcações, fretou um navio mercante de que Jacinto era co-proprietário e comandante, para utilizá-lo no transporte de cargas durante a luta. Lançando mão do que talvez lhe parecesse um último recurso para reter a mulher, Jacinto obriga-a a acompanhá-lo, juntamente com o filho.

É de imaginar a revolta de Chiquinha a bordo, seguindo de perto os horrores da guerra, sofrendo, com a criança, as naturais privações materiais de uma viagem desse tipo. Ampliou-se assim o desajuste entre o casal e a futura compositora abandonou o navio, retornando ao Rio de Janeiro.

Continuaria a conviver com Jacinto durante mais algum tempo, mas a desarmonia também continuou e logo se separaram definitivamente por iniciativa dela, numa atitude inusitada para a época e para a esfera social a que pertencia.

Ao tentar abrigo na casa do pai, reagiu ele segundo a clássica fórmula do poder patriarcal em casos de rebeldia feminina: fechou-lhe as portas, considerando-a morta para a família e impedindo-a de levar dois dos três filhos que já tivera.

Daí em diante, encarada como "perigoso modelo de moralidade", seguiria um caminho completamente divergente do das "sinhazinhas" de então, mas sintonizado com as transformações que se vinham processando no cenário político, econômico e sócio-cultural da época.

Como capital do país, o Rio de Janeiro se modernizava mais rapidamente que as outras cidades brasileiras, para lá acorrendo tudo o que fosse novidade. Em 1854, por iniciativa de Mauá, - como já se sabe - começa a funcionar a iluminação à gás; o bonde surge em 1868 facilitando a mobilidade espacial, multiplicam-se as edificações, entre as quais as confeitarias da elegante rua do Ouvidor. Associações de todo tipo, tais como clubes políticos, grêmios literários, recreativos, congregam indivíduos com interesses comuns e alargam a participação comunitária, sempre tão rarefeita no Brasil.

Crescendo continuamente, as atividades intelectuais e artísticas são vistas pelos menos aquinhoados como um eficiente canal de ascensão e prestígio social. Permi-

Política e cultura no Império brasileiro 129

tiam a realização individual e eram relativamente compatíveis com os padrões das elites dominantes, pois não se enquadravam nos trabalhos físicos ou manuais, tidos por degradantes na sociedade escravista.

Ainda assim, era grande a distância entre a cultura dessas elites e a cultura popular, lentamente forjada ao longo do tempo. A realidade mostrava, realmente, o violento contraste entre a minoria de letrados e eruditos e a enorme massa de analfabetos que estava longe de entender a arquitetura neo-clássica, a poesia romântica, os romances naturalistas, a escultura barroca.

No Rio de Janeiro dos anos 70, a classe senhorial tinha seus locais de encontro no teatro lírico, nos bailes, nos saraus. As famílias dedicavam-se a jogos e passatempos como o voltarete, o gamão, as cartas. Já o povo divertia-se com as cavalhadas, as touradas e regatas.

Havia, entretanto, uma manifestação artística que perpassava todas as classes sociais: a música. Entendida, construída e praticada diferentemente pelas elites e pelos grupos populares, constituía o aspecto cultural e também o divertimento de maior importância pelo seu alcance e extensão. Estava presente "no cotidiano da população nas rabecas ou pianos, nos assobios ou nas palmas ritmadas, nas flautas ou atabaques, nos espetáculos líricos ou nas bandas militares, nas festas das igrejas ou nos coretos das praças públicas".

Não é de estranhar, portanto, a proliferação de confeitarias e casas do gênero café-cantante, onde intelectuais e músicos se juntavam em um espaço que muitos desdenhavam e qualificavam de "colmeias ociosas", porque surgia então em cena o tipo social do boêmio. Como lembra a biógrafa de Chiquinha Gonzaga, o fenômeno da boemia no século XIX tem sido estudado com referência exclusivamente à atividade literária, mas não se pode esquecer que ele ocorreu também no ambiente musical e também agitou a vida noturna da época.

Nos anos 70, o piano dominava os salões, mas os estabelecimentos musicais já introduziam novos instrumentos, acessíveis à população menos favorecida, como violões, clarinetes, flautas e cavaquinhos. Conjuntos regionais começam a aparecer, divulgando o choro e outros gêneros de música: a polca, por exemplo que, extremamente popular, alcançava numeroso público.

Dos muitos conjuntos desse tipo surgidos na época, destacou-se o de Antônio da Silva Callado Júnior. Exímio flautista, compositor, professor do Conservatório de Música, seu caminho logo se cruzaria com o de Chiquinha Gonzaga, que, separada do marido, expulsa da casa paterna, jovem e livre, iniciava a trajetória nada convencional que escolhera para sua vida. Atraída pelas rodas boêmias, Callado muito a auxiliaria, arranjando-lhe alunos de piano e em seguida admitindo-a como pianista de seu conjunto, pois fazia-lhe falta um bom executante que, além disso, seguisse sua orientação, frequentemente inovadora.

Chiquinha preenchia esses requisitos e logo começa a tocar em bailes que varavam a noite, sendo presença constante nos meios teatrais, nas animadas ceias de fins de espetáculos, nas reuniões alegres das confeitarias e cafés.

Política e cultura no Império brasileiro 131

A originalidade do comportamento refletia-se também na forma singular de vestir-se. Sem maiores meios de sobrevivência, confeccionava os próprios vestidos e como os chapéus – símbolo de "status" – eram caros, substituiu-os por lenços de seda que lhe enfeitavam o penteado de cachos e se tornaram uma característica, podendo ser vistos nas fotografias deixadas por ela.

Ousava sempre. Se lhe faltasse dinheiro para assistir mais confortavelmente o espetáculo teatral em voga, não hesitava "em juntar-se ao público masculino e mal-educado das torrinhas: única presença de mulher entre a rapaziada ruidosa". Aparentemente, pouco lhe importava a opinião pública.

Sua ousadia, entretanto, não ficaria impune, sobretudo porque, entregando-se a uma devastadora paixão por outro homem, passaria a viver com ele às claras, tendo uma filha dessa união. Era demais para aquela sociedade que "concebia a mulher a partir de um modelo rígido: pedra angular da família, depositária da tradição e responsável pela estabilidade social.". Logo surgiriam instrumentos eficazes para afastar a transgressora do convívio social, como a calúnia e o repúdio, por exemplo.

Durante boa parte de sua vida, Chiquinha Gonzaga sofreu os efeitos dessa condenação, a despeito de escapar à opção muito comum na época para a mulher proscrita socialmente, isto é, a prostituição. Em geral desaparelhadas para o exercício de uma profissão, muitas se viam na contingência de trilhar esse caminho. Mas a musicista, não: transformaria o piano em um meio de ganhar a vida, embora sua ocupação, em decorrência da trajetória escolhida, do temperamento inconformista, dos locais que frequentava, se destinasse, sobretudo, ao lazer das camadas mais baixas. Por isso, continuava a ser julgada como aqueles de vida errante: bailarinos, cantores, artistas de teatro...

Se se importava com tal julgamento, é difícil sabê-lo. Provavelmente não, porque aos 53 anos enamorou-se de um jovem de 16, e, apresentando-o como filho para não ignorar de vez as convenções, com ele viveu até a morte.

Seu talento para a música levá-la ia de executante a compositora. Ainda na década de 70, quando contava 29 anos de idade compôs a primeira música: a polca "Atraente", que teve grande sucesso, sendo editada inúmeras vezes.

A partir daí, em rápida sucessão, surgem valsas, polcas, tangos, que iam de encontro ao gosto popular e eram imediatamente trauteadas ou assobiadas pelas esquinas, talvez porque, seguindo a trilha de Calado, identificava-se na música com o que era popular e nacional principalmente, não obstante as influências externas a que também estava sujeita.

Daí a apreciação de Mário de Andrade, citado por Edinha Araújo, segundo o qual, ela "teve contra si a fase musical muito ingrata em que compôs; fase de transição, (....) em que as características raciais ainda lutaram muito com os elementos de importação. E, ainda mais que Ernesto Nazareth, ela representa essa fase. A gente surpreende nas suas obras os elementos dessa luta como em nenhum outro compositor nacional."

Política e cultura no Império brasileiro

Os primeiros anos como compositora não foram fáceis, entretanto: humilhações constantes, dificuldades financeiras, obstáculos de todo tipo. Não podia deixar de dar aulas; para vender suas músicas, empreitava meninos que iam vendê-las de porta em porta ou apregoavam-nas pela cidade e muitas vezes voltavam com elas em pedaços, rasgadas por transeuntes e até mesmo parentes, indignados com a vida que levava. Para a família, certamente, era um vexame ouvir o nome "Gonzaga" gritado pelas ruas e associado a músicas que se chamavam "Atraente" ou "Sedutor" ou ainda "Não insistas, rapariga".

Havia também um forte preconceito contra a cultura popular, muito influenciada pelo elemento negro, sobretudo no que diz respeito à musica e à dança. As práticas rituais dos negros sustentavam-se em cantos e danças vistos pelos extratos sociais mais altos como licenciosas, lascivas, sensuais.

Com o tempo, esses e outros traços culturais importados, mesclam-se aos dos brancos – também importados – todos eles significativos canais de expressão popular que, resultando no sincretismo religioso, na sintetização musical, numa aculturação, enfim, produziram a chamada cultura popular brasileira. Esse elo entre as duas culturas – a branca e a negra - era bastante visível nos anos 70 do século XIX, mas persistia a má vontade para com suas manifestações e para com aqueles que a elas aderiam, como no caso de Chiquinha. Daí as músicas rasgadas ou destruídas, as quadrinhas satíricas que circulavam pela cidade, as portas das casas de família fechadas para ela.

A despeito de tudo, continuava. Estudando em manuais elementares, observando sempre, ouvindo músicos e músicas, começa a compor para outros instrumentos que não o piano apenas. Percebendo também que o teatro seria um caminho para a conquista do público, voltou-se para ele, musicando libretos de operetas e, finalmente, estreando como maestrina em 1880.

Daí para a frente, seu talento seria progressivamente reconhecido pelo público. Orgulhava-se da vitória, pois em carta a um amigo, datada de 1926, resumiria a luta e o êxito dizendo: - "o meu nome é pequeno, mas quem o fez fui eu, cheia de coragem e trabalhando sempre para honrar a minha Pátria; fui eu só..."

Ao morrer, em 1935, com 88 anos, mantinha a popularidade alcançada e podia ouvir suas músicas cantaroladas ou assobiadas pelas ruas do Rio de Janeiro, sobretudo a tão conhecida marcha-rancho "Abre-Alas", a primeira música carnavalesca de que se tem notícia, vinda a público em 1889.

Curiosamente, entretanto, com o correr do tempo, sobre ela pairou o silêncio, só rompido agora com as biografias surgidas, entre as quais a que embasou o presente capítulo. É de se perguntar se o preconceito com que foi encarada devido à condição feminina e à posição social que desprezou, não teria revivido após a morte, provocando o referido esquecimento. Seja cabível ou não a indagação, certo é que, enquanto viveu, incomodou bastante a sociedade da época, não só por todas as atitudes já aqui referidas como também por outra pouco conhecida e de especial interesse para estas páginas: a de ativista política.

Política e cultura no Império brasileiro

Durante a campanha abolicionista dedicou-se apaixonadamente à causa dos escravos. Como já se viu, as discussões no início dos anos 70 e 80 sobre as leis emancipadoras extravasaram do Parlamento para as ruas e contaminaram todo o país, provocando um clima de agitação e tensão muito visível, sobretudo no Rio de Janeiro, devido à presença da Corte.

Os anti-escravistas ocupavam todos os espaços disponíveis, multiplicando os clubes, as reuniões, as notícias na Imprensa sobre os passos do debate legislativo. Promoviam-se encontros que atraíam centenas de pessoas, buscando-se por todos os meios a mobilização popular.

Aos domingos, o Teatro Recreio lotava para ouvir a palavra de José do Patrocínio, o "Messias da Raça Negra" - como muitos o chamavam - e seus correligionários mais inflamados. Investiam contra o cativeiro, ameaçavam o trono e exigiam a libertação total dos escravos.

Entre os artistas, a ideia da abolição tinha fanáticos e fanática era Chiquinha Gonzaga, assim qualificada por Coelho Neto, no livro *A conquista*. Conforme sua biógrafa, chegou a vender músicas de porta em porta para conseguir a libertação de um escravo flautista, cuja condição muito a sensibilizava. Também "participou ativamente dos festivais artísticos destinados a arrecadar fundos e encaminhá-los à Confederação Libertadora para a compra de alforrias. Como uma autêntica ativista em campanha, prestava-se a qualquer atividade: varrer teatro, pregar cartaz, leiloar em quermesses, propagar em ruas, cafés, teatros, estradas de ferro..." Ou seja, engajava-se nessa luta sem medir consequências, com a mesma coragem e ousadia que a fizeram proscrita no meio social do qual viera.

Não estaria ausente das ruidosas manifestações festivas que o 13 de maio provocou e durante as quais os líderes abolicionistas teriam o seu momento de glória. Foi o caso de uma homenagem a José do Patrocínio, na qual, representando as artes, compareceria ao lado do caricaturista Angelo d´Agostini e do teatrólogo Furtado Coelho, entre outros.

Com o mesmo entusiasmo de sempre, empenhou-se também na causa republicana, fazendo aberta campanha contra o regime sob o qual nascera e do qual o pai – como brigadeiro graduado - era um dos defensores. Cerrou fileiras ao lado do conhecido Lopes Trovão que, inflamado orador, era um dos políticos mais populares da cidade. Dela, diria mais tarde esse republicano histórico – "Aquela Chiquinha é o diabo! Foi a nossa companheira de propaganda na praça pública, nos cafés! Nunca me abandonou..."

Cabe indagar o porquê desse engajamento na atividade política. Seu universo era a música: ao abandonar o marido e sem contar com o apoio paterno, sobrevivera graças a ela. Suas alegrias daí para a frente foram sempre relacionadas a ela. Por que, então, atirar-se à luta política, mostrar-se nos palanques dos comícios e nas reuniões de clubes, distribuir panfletos pelas ruas da cidade?

A resposta, talvez, não seja única. Razões humanitárias à parte, como no caso da campanha abolicionista, a adesão a causas de grande repercussão pública popula-

Política e cultura no Império brasileiro 137

rizava seus participantes ativos. Ora, todo artista busca popularidade, e, se na década de 70, Chiquinha Gonzaga estava apenas começando a carreira de musicista, somente no final dos anos 80 conseguiria tornar-se mais conhecida por suas composições e não apenas pelos escândalos que lhe cercavam a vida.

Desse modo, poderia ter tido uma razão prática para engajar-se politicamente. Por outro lado, não se pode esquecer que frequentava as rodas boêmias, nas quais se misturavam músicos, poetas, teatrólogos, intelectuais de toda ordem, a discutirem apaixonadamente as manifestações culturais em voga, os temas políticos do momento, as últimas ideias em circulação na Europa. Pela própria natureza de suas atividades e pela sensibilidade intrínseca, os participantes de tais rodas entusiasmavam-se mais facilmente com as causas de vanguarda ou com aquelas em que o sofrimento humano está claramente exposto: Abolição e República representavam o progresso, a sintonia com instituições e doutrinas europeias, a esperança de um futuro onde o país sem escravos elegeria livremente o seu governante.

Ligada aos companheiros de boemia que há longo tempo a haviam adotado, seria natural que Chiquinha se integrasse na cultura política do grupo. Além disso, as crenças, ideias e valores professados por eles, que a muitos na época soariam radicais, vinham de encontro ao temperamento e ousadia da musicista, cujas atitudes foram sempre de rompimento com os padrões vigentes. No dizer de Muniz Sodré em prefácio ao livro de Edinha Diniz, ela pode ser considerada a contrapartida feminina brasileira da norte-americana Isadora Duncan e da francesa Collete.

Não se deve esquecer também que, na defesa da causa republicana, poderia estar embutido o desejo de agredir o pai que tão severamente a tratou.

Seja como for, desafiando seu tempo e, por isso, contribuindo talvez para transformações nos costumes, Chiquinha Gonzaga alinha-se a outras figuras femininas do Império, entre as quais as que mereceram destaque neste livro, como a Imperatriz Leopoldina e Anita Garibaldi. Todas três, embora de diferentes maneiras, de diferente proveniência social e, em diferentes épocas, desempenharam um papel político que, certamente, contribuiu para as mudanças por elas defendidas e as inscreveu na História do Brasil.

* * *

V
A TONALIDADE DA "FLOR"

Como já foi visto ao longo destas páginas, o Império brasileiro se constituiu sob o influxo do liberalismo que, após a Revolução Francesa influenciou toda a Europa, espalhando-se também pelo continente americano...

Em Portugal, as ideias liberais ganham força com a revolução de 1820, mas no Brasil têm tradição mais longa, remontando à fase pré-independência, ou seja, final do século XVIII e início do XIX, quando se manifestam nas conjurações mineira, baiana, revolução de 1817, para citar apenas as mais conhecidas. É o "período heróico das reivindicações liberais", no dizer de Emília Viotti da Costa, aquele em que ideias de liberdade econômica e de manifestação do pensamento, igualdade de todos perante a lei, governo representativo eram comuns a boa parte dos revolucionários.

No entanto, como foi visto também, o período pós-independência mostra que tais ideias têm sentidos e objetivos diversos para os diferentes grupos sócio-políticos, razão pela qual, nas conjunturas históricas em que, pelo menos algumas delas poderiam ter se concretizado, ganharam limitações, perdendo seu sentido universalizante.

Tais considerações e outras a serem feitas têm o sentido de uma conclusão para o conteúdo do presente livro e, por isso mesmo compõem um capítulo bem mais curto.que os demais. Como já dito na Introdução, pretendeu-se tratar do processo histórico do país no século XIX, sobretudo em seus aspectos políticos e culturais, o que, de pronto, suscita uma questão: a da tônica do Império. Em outra palavras: no regime monárquico brasileiro, de tão longa existência, que tom terá prevalecido: o liberal ou o conservador?

A questão talvez seja ainda controversa e tem sido objeto de análise dos muitos historiadores que trataram do período, mas pode-se detalhar com mais pormenores alguns fatos, atitudes, pronunciamentos já vistos no correr destas páginas que melhor a esclareçam ou permitam ao leitor suas próprias inferências.

Quanto ao 7 de setembro, por exemplo: conservadores e liberais de todos os matizes uniram-se para assegurar a quebra do pacto colonial, a situação de igualdade com Portugal e, finalmente, a separação. Mas mesmo os mais radicais aceitaram a escolha do regime monárquico

Política e cultura no Império brasileiro

e a manutenção da escravidão, num compromisso com a tradição e a continuidade.

A Constituinte de 1823 já mostraria quão efêmera fora a união para a independência. Nos debates então travados torna-se evidente a dispersão decorrente da luta pelo controle do poder e muito claras as divergências de interpretação sobre o liberalismo. A seu respeito, dirá Bernardo Pereira de Vasconcelos, cuja trajetória o levaria do liberalismo progressista ao regressismo que, se inicialmente as ideias liberais foram concebidas contra o despotismo real, agora deveriam opor-se às "pretensões democratizantes dos radicais".

Os "radicais" naturalmente lhe responderiam à altura e, assim, as desavenças e disputas, que atingiam também o Imperador, dariam margem a que ele, como é sabido, dissolvesse a Constituinte e outorgasse a Constituição de 1824. Apesar de autoritariamente imposta, recebeu, no entanto, apoio de várias províncias, entre as quais, São Paulo, Rio de Janeiro e Rio Grande do Sul. O presidente da Constituinte dissolvida – Maciel da Costa -, cinco dias depois aceitaria participar do Ministério e o futuro Senador Vergueiro, preso quando da dissolução, incentivaria o juramento da Carta Outorgada.

São exemplos que apontam o caminho trilhado por boa parte dos políticos brasileiros e repetido ao longo do tempo, como se vê quando surge o Ato Adicional de 1834. Embora tenha resultado numa fórmula conciliatória, pareceu ainda a muitos demasiado liberal e levou ao "Regresso", do qual, como se sabe, o mesmo Bernardo Pereira de Vasconcelos foi um dos artífices. Justificando as atitudes políticas, diria, então., em uma fala de 1838: – "Fui liberal, então a liberdade era nova no país, estava nas aspirações de todos(.....)Hoje, porém (...) a sociedade corre risco pela desorganização e pela anarquia".

Referia-se às revoltas regenciais, mas suas palavras foram aplaudidas por antigos adversários políticos, como Antonio Carlos de Andrada e Silva, um revolucionário de 1817 e José Clemente Pereira, que entregara o Manifesto do "Fico" a D. Pedro I.

Por isso, dirá Isabel Marson ao analisar a Praieira que, "embora aparentemente oposta ao procedimento conservador, a política liberal vinha complementá-la". Naquela revolta, vencera o argumento de que uma grande nação, territorialmente centralizada, teria mais chances de atrair capitais externos para a sua modernização.

E aqui cabe destacar que divergências, agitações, conflitos, ocorriam sobretudo no campo da política. Em relação à Economia eram todos liberais: sob influência europeia também nesse aspecto, defendiam a não interferência do Estado na vida econômica, considerando o interesse particular sempre "mais inteligente e vigilante do que a autoridade".

Na verdade, de forma geral, "o interesse particular" influiu profundamente nas atitudes das elites políticas do Império, no sentido de frear qualquer tentativa mais radical de mudança e levando a que a alternância dos partidos no poder pouco significasse. Tanto é que, repetidamente, gabinetes conservadores deram curso a medidas propostas por liberais.

Política e cultura no Império brasileiro

Uma das questões que melhor revelam tal atitude e os limites do liberalismo é a da escravidão. Na Constituinte, para citá-la mais uma vez como exemplo, todos se diziam a favor da liberdade. No entanto, José Bonifácio, que nada tinha de radical, mas, por razões várias, defendia uma emancipação gradual dos escravos, não encontrou acolhida à ideia e basta lembrar a luta até se chegar à Lei Áurea, para avaliar quão eficaz foi a atuação das elites no sentido de prolongá-la. Quando surgiam as pressões – internas ou externas – dava-se um passo à frente, mas sempre com o sentido de conservar tudo quanto fosse possível. E mesmo aí, o passo, às vezes, era simplesmente formal.

Assim foi desde 1810, quando a Inglaterra inicia sua campanha para a extinção do tráfico negreiro e após a independência pressiona Pedro I a promulgar a primeira lei emancipadora, efetivada pela Regência em 7 de novembro de 1831. A partir daí, todos os africanos que entrassem no Brasil estariam livres e seus importadores obrigados a reexportá-los para a África.

Nem é preciso dizer que, dois anos depois, os negros importados ilegalmente, amontoavam-se em depósitos do Governo que, ante a inércia de deputados e senadores, solucionou a questão promovendo a arrematação dos serviços dos "africanos livres", eufemismo para designar quem, na verdade, sofria uma reescravização provinda do próprio Poder Público. E se este assim procedia, na prática, então, os subterfúgios para burlar a legislação eram tantos, que um eminente político como foi Tavares Bastos, diria terem sido raríssimos os casos de arrematados que porventura recobraram a liberdade. Enquanto isso, como já dito e repetido, nunca foi tão intenso o tráfico quanto nesse período.

A mesma leniência – na lei e na prática – ocorreu com as demais medidas emancipadoras, isto é, a do Ventre-livre e a dos Sexagenários, cujo caminho foi longo até a promulgação, como já referido em capítulo anterior e ainda assim, não atenderam aos anseios liberais que as inspiraram.

Após a extinção do tráfico, somente na Fala do Trono de 1867, o Imperador sugeriria a consecução de melhorias na condição servil – sugestão que, segundo Joaquim Nabuco, teria o efeito do raio "caindo de um céu sem nuvens".

Contudo, do momento se aproveitariam liberais permeáveis à ideia de abolição, revivendo o projeto de Pimenta Bueno - Marquês de São Vicente – que resultaria na dita lei do Ventre-livre.

Na verdade, a medida representava uma pequena concessão apenas, às forças emancipadoras, pois, restritiva em sua redação e como sempre ocorria, mal cumprida pela negligência na fiscalização, era insuficiente para resolver o problema do cativeiro. Basicamente visava libertar os filhos de escravas nascidos a partir de então e alforriar negros adultos através de um Fundo de Emancipação, mantido por contribuições de várias procedências.

A libertação dos nascituros vinha acompanhada de cláusulas que, no fundo, consagravam o direito de propriedade. As crianças nasceriam livres e ficariam com a mãe até os 8 anos de idade, quando então o proprietário daquela

Política e cultura no Império brasileiro 145

poderia optar por entregá-las ao Estado mediante pagamento em títulos previamente fixados ou retê-las até os 21 anos, utilizando-lhes os serviços em troca de subsistência.

As duas situações eram cruéis, pois entregue ao Estado, o "ingênuo" – denominação dada aos beneficiários da lei - ficaria longe da mãe. No caso dos proprietários preferirem a última alternativa, o que de fato ocorreu predominantemente, esses libertos misturavam-se à massa escrava e como tal eram tratados.

Quanto ao Fundo de Emancipação, também era restritivo, pois os escravos emancipados por ele deveriam sofrer a fiscalização de suas atividades na localidade onde trabalhassem, durante cinco anos mais, não podendo ir-se embora e tendo, portanto, uma liberdade limitada durante esse período. Além disso, a burocracia contida na regulamentação da lei favorecia a manutenção do "statu quo", retardando de modo gritante a libertação daqueles que tinham direito aos benefícios legais. Daí os cáusticos comentários de Jerônimo Sodré, um parlamentar do Nordeste, que em 1879, ante os efeitos da Lei do Ventre-livre, classifica-a de "reforma vergonhosa e mutilada".

Mesmo assim, nada se fazia, aproveitando-se os escravistas da complacência dos governantes. Ao Imperador, por exemplo, nunca agradaram "medidas arrojadas que parecessem saltos no escuro e (que) podiam por em xeque sua estabilidade", como diz Sérgio Buarque de Holanda, cuja obra sempre ressaltou o imenso poder pessoal de Pedro II e a frequência com que ele o utilizava.

Contudo, em 1884, ante a pressão abolicionista influenciando como é sabido a opinião pública, o gabinete

Souza Dantas propõe a libertação dos escravos sexagenários, desta vez sem qualquer indenização, bem como a continuidade do Fundo de Emancipação.

Indignadas com a proposta que consideravam um atentado ao direito de propriedade, as elites escravistas e seus representantes forçam a renuncia de Dantas. Os gabinetes Saraiva e Cotegipe, seus sucessores, promulgam, então, em 28 de setembro de 1885, a Lei dos Sexagenários, que favorecia os possuidores de escravos naquela faixa de idade. Isto porque a medida legal libertava os cativos com 60 ou mais anos de idade, mas a título de indenização, obrigava-os a prestarem serviços ao ex-proprietário até os 65. Os que já tivessem alcançado tal idade estariam livres de vez, mas se quisessem continuar com o ex-senhor deveriam trabalhar para ele gratuitamente. Se resolvessem ir embora, o juiz de órfãos teria de julgá-los aptos a tomar tal resolução.

Quanto aos libertados pelo Fundo de Emancipação, também se obrigavam – como em 1871 – a "prestar com fidelidade e diligência serviços no estabelecimento em que fossem liberados, por tempo de cinco anos contados da data da alforria, nas horas e pelo modo estabelecido no contrato". Vale dizer que durante esse tempo também estariam presos ao local onde haviam sido alforriados e deveriam, de acordo com o "contrato", receber um pagamento pelos serviços executados, a ser arbitrado, não por eles e sim pelo ex-dono, sob aprovação, em geral facilmente obtida, do juiz de órfãos.

Portanto, pode-se afirmar com exatidão que, mesmo em seu aspecto formal, a legislação emancipadora não

Política e cultura no Império brasileiro

atendeu a um conteúdo verdadeiramente liberal, contendo tantas restrições, que, por certo, muitos dos beneficiados por ela devem ter morrido sem sentir o gosto da tão ansiada liberdade.

* * *

Um outro exemplo do amesquinhamento sofrido por intenções liberalizantes é o da medida legal sobre eleições conhecida como lei Saraiva.

Há tempos se clamava por uma reforma eleitoral que atendesse às transformações em curso. A Constituição de 1824 estabelecera eleições indiretas ou em dois graus, excluindo dos direitos políticos sobretudo os escravos, os estrangeiros não naturalizados e quem não professasse a religião do Estado.

Os brasileiros que gozavam de tais direitos dividiam-se em dois grupos: o dos cidadãos ativos e o dos eleitores, exigindo-se prova de renda para ambos. Os primeiros deveriam ter renda liquida anual de 100$ e os demais de 200$, mas quem quisesse ser deputado, teria de ganhar pelo menos 400$ anualmente.

Reunidos em paróquias, os cidadãos ativos votavam nos eleitores que, por sua vez, na sede dos distritos, elegiam os deputados. Era, pois um sistema de eleição indireta e censitário altamente exclusivo, reduzindo os votantes a 20% aproximadamente da população.

Com o tempo e a modernização em curso no país, com a vinda de imigrantes e a de estrangeiros não católicos, a reforma eleitoral tornou-se uma aspiração comum a muitos militantes da política. Eram frequentes as discussões sobre eleições livres e limpas, sobre a melhoria dos costumes políticos, sobre o pequeno número de votantes e a necessidade de ampliá-lo, até que em 1869 o Centro Liberal levanta o problema da eleição direta, ou seja, aquela em que o eleitor votaria diretamente no seu candidato. Restringia-a, entretanto à Corte, às capitais das províncias e a cidades com mais de dez mil habitantes. Mesmo assim o Imperador, ao preparar uma viagem à Europa em 1871, nos conselhos dados à Princesa Isabel, que ficaria como regente, dirá não convir "arriscar uma reforma para assim dizer, definitiva, como a das eleições diretas, á influência tão deletéria da falta de educação popular"..

Dez anos mais transcorreram até que em 9 de janeiro de 1881 surgisse a Lei Saraiva, assim chamada por resultar de um projeto apresentado em 29 de abril de 1880 pelo então presidente do Conselho, José Antonio Saraiva, o mesmo que anos depois teria o nome ligado também à Lei dos Sexagenários. Liberal convicto, ao pedir aprovação para o seu projeto, se diria, no entanto, contrário ao sufrágio universal. E por que? Porque "importaria no predomínio das classes baixas e miseráveis sobre outras que, dispondo de haveres e ilustrações, pareciam mais naturalmente interessadas na manutenção da ordem, na preservação da tranquilidade pública e no bom funcionamento das instituições".

À semelhança dos conselhos de Pedro II, foi o típico discurso de um conservador e não do liberal aguerrido:

Política e cultura no Império brasileiro 149

uma tradução em linguagem culta da frase popular segundo a qual, "o povo" não sabe votar.

O projeto ampliava a elegibilidade de uma parte da população, concedendo direito de voto direto aos não--católicos, aos naturalizados e também aos libertos, mas elevava o censo eleitoral de 200 para 400$000 e incluía uma cláusula ausente até da Constituição outorgada: a que impedia o analfabeto de votar.

Vozes como a de Joaquim Nabuco, por exemplo, levantaram-se contra o projeto, argumentando que o sufrágio universal era a aspiração do século; José Bonifácio, o Moço, terminaria impressionante discurso na Câmara dos Deputados com a frase depois famosa: - "Nesse país, a pirâmide do poder assenta sobre o vértice e não sobre a base". Mas a despeito de palavras assim candentes, Senado e Câmara aprovaram o projeto na forma como havia sido proposto.

Em consequência, a lei Saraiva diminuiu drasticamente o número de eleitores ao invés de aumentá-lo. Em 1874 votavam 1.114.066 brasileiros; já em 1887 o total de votantes era de 200 mil correspondendo a 15% da população, um dos menores eleitorados da época.

A propósito desse processo em que grupos políticos mais radicais nunca conseguiam impor seus projetos como os haviam concebido, em que conservadores e liberais moderados sempre amenizavam ou desfiguravam o radicalismo das proposições optando pelo statu quo ou até mesmo pelo retrocesso, uma curiosa situação ocorre em 1870, com a divulgação do Manifesto Republicano. Naquele momento, dezenove anos antes do 15 de novembro, o documento, pelo próprio nome já teria um caráter revolucionário, pois se colocava frontalmente contra o regime vigente. No entanto, como mostra a magnífica análise de Sérgio Buarque de Holanda no livro *Do Império à República*, foi anti-revolucionário e contemporizador.

Cerca de 53 políticos assinaram o Manifesto, no qual diziam não pretender convulsionar a sociedade em que viviam. Conforme a fala de Saldanha Marinho, nove anos depois, no Parlamento, os republicanos no Brasil pretendiam "a revolução pacífica, a revolução da ideia. Calmos, tranquilos, aguardam firmes o futuro (...) até que se consiga a reforma desejada..."

O paradoxo é patente e continuou em função das atitudes de muitos dos que aderiram de pronto à "revolução da ideia". Quintino Bocaiuva, por exemplo, figura republicana de proa, mesmo nos dias próximos ao 15 de novembro condenava o recurso à violência e as atitudes daqueles mais afoitos, que erguiam vivas à República. Outros, mesclavam o seu republicanismo a uma acentuada devoção a Pedro II.

Tais ideias e comportamentos assemelhavam-se muito aos dos positivistas ortodoxos quando estes, em sua pregação, diziam que tudo viria a seu tempo. Na verdade, galho dos radicais e, em suma, dos históricos, não conseguiam os republicanos ocultar sua marca de origem, tornando-se difícil separá-los dos liberais, aos quais pareciam secundar na famosa opção: "cumpre que a reforma se faça para que a revolução não venha".

Daí a diferença assinalada por Sérgio Buarque de Holanda entre o passado e aquele presente, pois, "a ideia

Política e cultura no Império brasileiro

republicana tinha sido inseparável no país e desde antes da Independência, de manifestações explosivas contra o poder constituído. Além disso, tivera, invariavelmente, cunho regional e se pretendesse abarcar o país inteiro, deveria fazê-lo partindo da periferia para o centro. Agora e é a outra novidade, ela surge no centro, na Corte, de onde irão irradiar-se não apenas os seus princípios, mas ainda as normas de ação para as diferentes províncias.".

Daí também a conclusão a tirar com a exemplificação contida nestas últimas páginas: o processo de desarticulação do escravismo, reformas eleitorais e até republicanismo revelam a cautela e temor das elites políticas ante mudanças prejudiciais aos interesses dominantes, apontando a prevalência do conservadorismo que dá o tom ao Império.

Outra conclusão, decorrente dessa, será a mesma exposta por Emília Viotti nos artigos que escreveu sobre o liberalismo com o propósito de ressaltar a fraqueza das instituições democráticas e da ideologia liberal no Brasil. Desde o Império, não conseguiu esta última alterar o Estado e transformá-lo em protetor de direitos. As profundas modificações ocorridas ao longo do tempo não lograram destruir, tanto estruturas de mando diversas quanto valores elitistas e autoritários.

* * *

BIBLIOGRAFIA COMENTADA

Fundamentais para a elaboração desta síntese sobre o processo político-cultural durante o Império brasileiro foram os trabalhos que constam da Coleção *História Geral da Civilização Brasileira* (São Paulo, Difusão Europeia do Livro, 1964/1972), referentes ao período monárquico. Contidos nos 5 volumes do tomo II, merece destaque especial o de número 7, intitulado *Do Império à República*, cujo autor é Sérgio Buarque de Holanda - organizador da Coleção - que, em 435 páginas, analisa os sucessos políticos ocorridos entre 1868, início do declínio da monarquia e 1889, ano em que a mesma se extingue. É um rico painel. no qual estão presentes também as forças econômico-sociais cujas aspirações se resolvem ou se frustram nos embates políticos.

Fundamentais ainda, dado o roteiro do livro, foram as biografias elaboradas por Otávio Tarquínio de Souza (*A vida de D.Pedro I*, Rio de Janeiro, Liv. José Olympio Editora, 1973- 3 vol. – *Coleção História dos Fundadores do Império do Brasil*); Yvone Capuano (*Garibaldi: o leão da liberdade*, São Paulo, Totalidade, 2000 e *De sonhos e utopias... Anita e Giuseppe Garibaldi*, São Paulo, Companhia Melhoramentos, 1999); Edinha Diniz (*Chiquinha Gonzaga. Uma história de vida*, Rio de Janeiro, Rosa dos Tempos, 1991).A biografia de Johanna Prantner, *Imperatriz Leopoldina do Brasil* (Petrópolis,Vozes, 1997) também pode ser consultada.

Para o capítulo 1, que se refere à época joanina, à aceleração do processo de independência e aos tempos iniciais da monarquia, cabe lembrar a historiografia recente, merecendo destaque os livros de Maria de Lourdes Viana Lyra (*A utopia do poderoso Império, Portugal e Brasil: bastidores da política,1798/1822*, Rio de Janeiro, Sette Letras, 1994); Cecília Helena de Salles Oliveira (*A independência e a construção do Império*, São Paulo, Atual, 1995); Márcia Regina Berbel, *A nação como artefato: deputados brasileiros nas cortes portuguesas, 1821/1822*, São Paulo, Hucitec/Fapesp, 1999).

Não perdeu atualidade, no entanto, a coletânea *1822: Dimensões*, organizada por Carlos Guilherme Mota e publicada pela Editora Perspectiva em l972, particularmente os artigos *A interiorização da metrópole: 1821/1853* de Maria Odila Silva Dias – republicado em 2005 pela Editora Alameda - e o de Emília Viotti da Costa, intitulado: *José Bonifácio. Homem e mito*. É o caso também de Nelson Werneck Sodré que, em *As razões da Independência (Rio de*

Política e cultura no Império brasileiro 155

Janeiro, Civilização Brasileira, 1978- terceira edição) faz um competente e esclarecedor histórico do processo que leva Portugal ao enfraquecimento econômico e às consequentes dificuldades para manter o pacto colonial.

Especificamente sobre o periodo joanino, Oliveira Lima ainda é o grande historiador. Em *D.João VI no Brasil- 1808/1821* (Tipografia do Jornal do Comércio, 1908, primeira edição, 2 volumes), reabilita o rei que a historiografia portuguesa classificaria como o traidor que abandonara o país à sanha estrangeira. A permanência da Corte no Brasil também foi o objeto do livro de Jurandir Malerba, *A Corte no exílio. Civilização e poder no Brasil às vésperas da Independência - 1808/1821* (São Paulo, Companhia das Letras, 2001) e o de Laurentino Gomes, intitulado 1808 (São Paulo, Planeta do Brasil, 2007).

Indispensável ainda para essa época será a *Formação da literatura brasileira: momentos decisivos, de Antônio Cândido* (São Paulo, Editora Martins, 1969 - terceira edição/2 volumes).

Quanto ao período regencial e às revoltas que o caracterizaram - tema do capítulo 2 -, cabe destacar pela interpretação que deram às mesmas, os livros de Izabel Marson (*A rebelião praieira*, São Paulo, Brasiliense, 1981) Sandra Pesavento (*A revolução farroupilha*, São Paulo, Brasiliense, 1981), Maria de Lourdes Monaco Janotti (*A balaiada*, São Paulo, Brasiliense, 1984). Já *O marquês de Paraná* (Belo Horizonte, Itatiaia/ São Paulo, Edusp, 1990), de Aldo Janotti, que analisa o início da carreira parlamentar do futuro articulador da Conciliação, permite entender melhor a política do período imediatamente posterior à abdicação de Pedro I.

Richard Graham (Grã-Bretanha e a modernização do Brasil, São Paulo, Brasiliense,) é um "brasilianista" a ser lembrado, quando se trata do processo de modernização do país, objeto, entre outros, do capítulo 3. Nesse aspecto, também as biografias sobre Mauá, como por exemplo, a de Alberto de Faria (*Mauá*, São Paulo, Companhia Editora Nacional, segunda edição), que trata, tanto dos empreendimentos quanto da personalidade de seu biografado, destacando os traços que o levariam a ser um homem para além de seu tempo.

Quanto ao capítulo 4, a par da obra já mencionada de Sérgio Buarque de Holanda, serão úteis os livros que tratam da desarticulação do escravismo, como os de Robert Conrad, *Tumbeiros: o tráfico escravista para o Brasil* (trad. São Paulo, Brasiliense, 1985) e *Os últimos anos da escravatura no Brasil* (Rio de Janeiro, Civilização Brasileira/ Brasília, INL, 1975). Também *Escravidão negra em São Paulo: um estudo das tensões sobre o escravismo no século XIX*, de Suely Robles Reis de Queiroz (Rio de Janeiro, José Olympio, 1977).

Embora trate de momento posterior ao 15 de novembro, o livro *Os subversivos da República*, de Maria de Lourdes Monaco Janotti (São Paulo, Brasiliense, 1986), é importante para melhor se entender a desarticulação dos grandes partidos políticos ocorrida no final do Império, bem como os diferentes matizes do pensamento monarquista.

É também essencial a coletânea de Emília Viotti da Costa intitulada *Da monarquia à República: momentos de-*

Política e cultura no Império brasileiro

cisivos, São Paulo, Grijalbo, 1977, devendo-se ler, ainda, *A consciência conservadora no Brasil*, de Paulo Mercadante, (Rio de Janeiro, Ed. Nova Fronteira, 1980).

Para todo o período imperial, além de *Trajetória política do Brasil –1500/1964* (São Paulo, Companhia das Letras, 1993), escrito por Francisco Iglésias, são de consulta obrigatória: -

Raymundo Faoro, *Os donos do poder. Formação do patronato político brasileiro*, RS,Ed.Globo/São Paulo, Editora da Universidade de São Paulo, 1975- 2 volumes.

Caio Prado Júnior, *Evolução política do Brasil*, São Paulo, Brasiliense, 1957.

Sérgio Buarque de Holanda, *Raízes do Brasil*, Rio de Janeiro, José Olympio, 1936(primeira edição).

* * *

Sobre a autora

Professora do Programa de Pós-Graduação do Departamento de História da Faculdade de Filosofia, Letras e Ciências Humanas da Universidade de São Paulo, onde ingressou a convite do Prof. Sérgio Buarque de Holanda. Cursos de graduação e pós-graduação na mesma instituição, na qual também obteve os títulos de mestre, doutor e livre-docente.

Autora de textos para aulas televisionadas pela Fundação Padre Anchieta, Canal 2, São Paulo. Também de artigos em revistas e jornais, bem como de livros, entre os quais, *Escravidão negra em São Paulo* (R.J. José Olimpio, 1977); *A abolição da escravidão* (São Paulo. Brasiliense, 1981); *Os radicais da República* (São Paulo. Brasiliense, 1985); *Escravidão negra no Brasil* (São Paulo. Ática, 1987; São Paulo (Madrid, Editora Mapfre, 1991).